RIIS, VÜRTSID JA KÕIK MAITSEV - PAELLA PIIBEL

Avastage Hispaania väärtuslike roogade rikkalik pärand ja mitmekesised maitsed

DMITRI SAAR

Autoriõigus Materjal ©2023

Kõik Õigused Reserveeritud.

Ei osa kohta see raamat võib olla kasutatud või edastatud sisse ükskõik milline vormi või kõrval ükskõik milline tähendab ilma a korralik kirjutatud nõusolekut kohta a kirjastaja ja autoriõigus ht omanik, välja arvatud jaoks lühidalt tsitaadid kasutatud sisse a arvustus. See raamat peaks mitte olla kaalus a asendaja jaoks meditsiiniline, seaduslik, või muud professionaalne nõuanne.

SISUKORD

SISUKORD 3
SISSEJUHATUS 6
KALA JA MEREANDIDE PAELLA 7
   1. Krevettide kuskussi paella 8
   2. Meriahven Paella 10
   3. Mereannid Cheddar Paella 12
   4. Alaska mereandide paella 14
   5. Krevettide ja Chorizo Paella 16
   6. Krevettide ja riisi paella 18
   7. Merikuradi ja rannakarp Paella 20
   8. Homaar Paella 23
   9. Segatud mereannid ja kanapaella 26
   10. Kalmaari tindipaella mereandidega 28
   11. Homaar ja kammkarp Paella 30
   12. Segatud mereannid ja Chorizo Paella 32
   13. Karp- ja vorstipaella 34
   14. Lõhe ja spargli paella 36
LINNULIHA PAELLA 38
   15. Kana, krevetid ja Chorizo Paella 39
   16. Survekeetja kanapaella mereandidega 42
   17. Kana spargel Paella 44
   18. Kana ja maisi paella 47
   19. Grillitud kana, vorsti ja krevettide paella 49
   20. Kana ja musta oa paella 51
   21. Kana ja itaalia vorst Paella 53
   22. Kana ja mereandide Paella salat 56
   23. Kana ja Lima Bean Paella 59
   24. Paella kana ja päikesekuivatatud tomatitega 61
   25. Hispaania kana ja rannakarp Paella 63
   26. Kalkuni ja köögiviljade paella 66
   27. Pardi ja seente paella 68
   28. Cornish Hen ja Chorizo Paella 70
   29. Türgi ja mereannid Paella 72
ULUKITE LIHA PAELLA 74
   30. Hirve ja metsseene paella 75
   31. Metssiga ja Chorizo Paella 77
   32. Faasani- ja köögiviljapaella 79
   33. Põdra ja spargli Paella 81
   34. Piisoni- ja köögiviljapaella 83
   35. Metsparti ja kastanipaella 85
   36. Paella vutt ja squash 87
   37. Metsik kalkun ja jõhvikapaella 89
   38. Piison ja maisi paella 91

39. Küüliku ja kirsi paella 93
40. Vuti- ja seenepaella 95
41. Küüliku- ja köögiviljapaella 97
42. Kana, jänes ja chorizo Paella 99

PASTA PAELLA 101
43. Paella Primavera 102
44. Pasta Paella karpide ja vürtsika vorstiga 104
45. Hispaania nuudlipaella (Fideuà) 106
46. Paella stiilis karpide pasta 108
47. Kana ja Chorizo pasta Paella 110
48. Köögivilja-seenepasta Paella 112
49. Krevetid ja Chorizo Orzo Paella 114
50. Kana ja roheliste ubade pasta Paella 116
51. Penne Paella spinati ja artišokiga 118
52. Köögiviljapaella Orzoga 120
53. Vorst ja seene Orzo Paella 122
54. Krevetid ja spargel Orzo Paella 124

LIHA PAELLA 126
55. Paella roheliste tomatite ja peekoniga 127
56. Peekon ja Kimchi Paella kanaga 129
57. Veiseliha ja mereandide paella 132
58. Sealiha ja Chorizo Paella 134
59. Lambaliha ja köögiviljade paella 136
60. Türgi ja mereannid Paella 138
61. Sealiha ja mereandide paella 140
62. Veiseliha ja seente paella 142
63. Vasikaliha ja rohelise herne paella 144
64. Veiseliha ja brokkoli Paella 146

TAIMNE PAELLA 148
65. Grillitud taimetoitlane paella 149
66. Suitsutatud Tofu Paella 152
67. Seene- ja köögiviljapaella 154
68. Maisi ja pipra paella 156
69. Brokkoli, suvikõrvits ja spargel Paella 158
70. Artišoki ja aedoa paella 160
71. Seene ja artišoki paella 162
72. Spinati ja kikerherne paella 164
73. Spargli ja tomati paella 166
74. Baklažaan ja oliivipaella 168
75. Brokkoli ja päikesekuivatatud tomatite paella 170
76. Porru- ja seenepaella 172
77. Butternut Squash ja granaatõuna paella 174
78. Maguskartuli ja musta oa paella 176

PIIRKONDLIKUD VARIATSIOONID 178
79. New Orleansi paella 179
80. Lääne-India Paella 182

81. Lääne-Aafrika Jollof Rice Paella 184
82. Paella alla Valenciana 186
83. Mehhiko stiilis paella 188
84. Rannikuhispaania paella 190
85. Vaikse ookeani paella 192
86. katalaani Paella 194
87. Portugali stiilis paella 196
88. Edela-Paella 199
89. Aragon Mägi Paella 202
90. Baski mereandide paella (Marmitako) 204
91. Arroz a Banda – Alicantest 206
92. Sefardi mereandide paella (Arroz de Pesaj) 208
PUHJALINE PAELLA 210
93. Mango ja india pähkli paella 211
94. Ananassi ja kookose paella 213
95. Apelsini ja mandli paella 215
96. Õun ja rosina Paella 217
97. Viigimarja ja pähkel Paella 219
98. Pirn ja Gorgonzola Paella 221
99. Vaarikas ja Brie Paella 223
100. Kiivi ja makadaamiapähkli paella 225
KOKKUVÕTE 227

SISSEJUHATUS

Astuge paella elavasse maailma, kus iga riisitera räägib loo ja iga vürts aitab kaasa maitsete sümfooniale, mis tantsib suulagi. "Riis, vürtsid ja kõik maitsev - paella piibel" pole lihtsalt kokaraamat; see on kulinaarne teekond, mis kutsub teid avastama Hispaania armastatud roa rikkalikku pärandit ja mitmekesiseid maitseid. Paella, mis on sügavalt juurdunud Hispaania traditsioonidesse, on midagi enamat kui eine – see on kogemus, mis koondab inimesed ühise laua taha, edendades elu, armastuse ja erakordse köögi naudingut.

Sellele kulinaarsele ekspeditsioonile asudes kujutage ette Hispaania päikesepaistelisi maastikke, kus safrani aroom seguneb meretuulega ning paellapannide rütmiline särin kostub läbi sagivate turgude ja perekondlike koosviibimiste. Filmis "Riis, vürtsid ja kõik maitsev - paella piibel" süveneme paella südamesse, avastades selle kultuurilise tähtsuse ja paljastades saladused, mis muudavad selle roast kultuuriikooniks.

See kokaraamat on teie pass, et saada paella maestroks, olenemata teie kulinaarsest asjatundlikkusest. Olenemata sellest, kas kasutate kogenud koka nuga või astute esimesi samme kööki, liituge meiega, kui uurime ajalugu, piirkondlikke erinevusi, olulisi koostisosi ja toiduvalmistamistehnikaid, mis muudavad iga paella kulinaarse meistriteose. Siin saate mitte ainult täiustada oma toiduvalmistamisoskusi, vaid ka sukelduda ehtsa Hispaania köögi erksatesse värvidesse ja ahvatlevatesse aroomidesse.

Niisiis, laske alata teekond "Riis, vürtsid ja kõik maitsev - paella piibel" maailma. Alates põlvkondade kaupa edasi antud traditsioonilistest retseptidest kuni maitsepiire nihutavate moodsate keerdkäikudeni – see paellapiibel on teie põhjalik juhend. Olenemata sellest, kas teid tõmbab Valencia klassika ajatu võlu või ahvatlevad uuenduslikud variatsioonid, on need lehed kulinaarse inspiratsiooni aarde, kutsudes teid muutma oma kööki Hispaania maitsete varjupaigaks.

Olgu teie kulinaarne seiklus sama maitsev ja täidlane kui täiuslikult küpsetatud paella. Siin on toiduvalmistamise rõõm, avastamisrõõm ja rikkalik maitsevaip, mis ootavad teid paella meisterlikkuse kütkestavas maailmas.

KALA JA MEREANDIDE PAELLA

1. Krevettide kuskussi paella

KOOSTISOSAD:
- ½ naela kondiga, nahaga kana rinnad, lõigatud ½-tollisteks tükkideks
- ¼ tassi vett
- 1 (1½ untsi) purk kanapuljongit
- ¾ naela keskmise suurusega värsked krevetid, kooritud ja tükeldatud
- ½ tassi külmutatud rohelisi herneid
- ⅓ tassi hakitud punast paprikat
- ⅓ tassi õhukeselt viilutatud rohelist sibulat
- 2 küüslauguküünt, hakitud
- ½ tl soola
- ¼ teelusikatäit pipart
- Natuke jahvatatud safranit
- 1 tass kuumtöötlemata kuskussi

JUHISED:
a) Kombineerige kana, vesi ja kanapuljong 2-liitrises pajaroogis. Katke kaanega.
b) Mikrolaineahjus kõrgel temperatuuril 4-5 minutit.
c) Segage krevetid ja järgmised 7 koostisosa (herned, punane paprika, roheline sibul, küüslauk, sool, pipar ja safran). Kata kaanega ja kuumuta mikrolaineahjus veel 3½ kuni 4½ minutit või kuni krevetid muutuvad roosaks ja on küpsed.
d) Segage kuskuss, katke ja laske 5 minutit seista.

2. Meriahven Paella

KOOSTISOSAD:
- 5 untsi metsikut riisi
- 2 untsi herned
- 1 punane paprika, seemnetest puhastatud ja tükeldatud
- 14 untsi kuiva valget veini
- 3½ untsi kanapuljongit
- 1-kilone meriahvena filee, kuubikuteks
- 6 kammkarpi
- 8 krevetti, kooritud ja tükeldatud
- Sool ja must pipar maitse järgi
- Tilk oliiviõli

JUHISED:
a) Asetage kõik koostisosad kuumakindlasse nõusse, mis sobib teie õhufritüüriga, ja segage.
b) Asetage roog oma õhufritüüri ja küpseta 380 kraadi F ja küpseta 25 minutit, segades pooleldi.
c) Jaga taldriku vahel ja serveeri.

3. Mereannid Che ddar Paella

KOOSTISOSAD:
- 12 väikest merekarpi oma kestades
- 2 naela krevetid, kooritud ja tükeldatud
- 4 supilusikatäit oliiviõli
- 1 spl Võid
- 1 tass pikateralist riisi
- 1 tl Sool
- 1 loorberileht
- 1 kana puljongikuubik
- 20 küüslauguküünt, peeneks hakitud
- 2 keskmist sibulat, peeneks hakitud
- 2 rohelist paprikat, peeneks hakitud
- 2 suurt tomatit, kooritud ja tükeldatud
- ½ tassi Pimiento-täidisega oliive, viilutatud
- 2 tl paprikat
- ⅛ teelusikatäis Cayenne'i pipart
- 1 ½ tassi Cheddari juustu, riivitud

JUHISED:
a) Alustuseks peske karbid ja krevetid põhjalikult. Asetage karbid kastrulisse 6 tassi veega ja laske keema tõusta. Lisa krevetid ja küpseta kõrgel kuumusel kaane all 5 minutit. Eemaldage kuumusest, valage karpide vedelik ära, et saada 2 ¼ tassi, ning asetage karbid ja krevetid ülejäänud puljongisse, et need soojaks jääksid.

b) Kuumuta 3-liitrises kastrulis 2 supilusikatäit oliiviõli ja võid. Lisa riis ja sega, et see oleks hästi kaetud. Lisage reserveeritud 2 ¼ tassi vedelikku, soola, loorberilehte ja kanapuljongikuubik. Kuumuta keemiseni, alanda kuumust ja hauta kaane all segamata 25 minutit.

c) Kuumuta ahi temperatuurini 375 °F (190 °C). Samal ajal praadige Hollandi ahjus 2 supilusikatäies kuumas oliiviõlis peeneks hakitud küüslauku, sibulat ja rohelist paprikat, kuni roheline paprika on pehme, mis peaks võtma umbes 10 minutit. Tükeldage tomatid ja lisage need koos oliivide, paprika ja Cayenne'iga praetud köögiviljadele. Küpseta veel 5 minutit, hoides seda soojas.

d) Nõruta karbid ja lisa need koos keedetud riisiga tomatisegule. Segage õrnalt, et koostisosad seguneksid. Tõsta segu paellapannile või madalale 4-liitrisele pajavormile. Puista peale riivitud Cheddari juust.

e) Küpseta eelkuumutatud ahjus 10-15 minutit või kuni juust on sulanud ja kihisev.

4. Alaska mereandide paella

KOOSTISOSAD:
- 213 grammi konserveeritud punast Alaska lõhet
- 2 supilusikatäit oliiviõli
- 1 küüslauguküüs, purustatud
- 1 väike sibul, peeneks hakitud
- 1 Porrulauk, puhastatud ja viilutatud
- 100 grammi pikateralist riisi
- 100 grammi kooritud krevette
- 100 grammi rannakarbid soolvees, nõrutatud või värsked rannakarbid koorega
- 375 ml Köögivilja- või kanapuljong
- ½ sidruni, mahla
- ½ tl Jahvatatud safranit või jahvatatud kurkumit
- 2 tomatit, kooritud, seemnetest eemaldatud ja tükeldatud
- 10 tervet keedetud krevetti
- Kaunistuseks sidruniviilud

JUHISED:
a) Alustage konserveeritud lõhe nõrutamisest, reserveerige mahl ja pange see kõrvale.
b) Kuumuta suurel pannil oliiviõli, seejärel prae purustatud küüslauku, hakitud sibulat ja viilutatud porrulauku umbes 5 minutit, kuni need muutuvad pehmeks.
c) Segage pikateraline riis, kooritud krevetid, rannakarbid (kas konserveeritud soolvees või värsked koorega), reserveeritud lõhemahl, köögivilja- või kanapuljong, sidrunimahl ja safran (või kurkum, kui kasutate seda asendajana). . Sega kõik hoolikalt läbi, lase segul keema tõusta, seejärel alanda kuumust keemiseni. Laske sellel küpseda 15-20 minutit või kuni riis on vedelikku enamjaolt imanud.
d) Kui riis on valmis, sega õrnalt sisse tükeldatud tomatid ja suurteks helvesteks purustatud lõhekonserv.
e) Tõsta maitsekas roog serveerimisvaagnale ning kaunista keedetud krevettide ja sidruniviiludega. Serveerige oma Alaska mereandidest valmistatud riisirooga kohe. Nautige!

5. Krevettide ja Chorizo Paella

KOOSTISOSAD:
- 6 untsi kuivsoolatud hispaania chorizo, tükeldatud
- 1½ tassi hakitud kollast sibulat
- 1 tass hakitud punast paprikat
- 1½ tassi kuumtöötlemata keskmise teraga pruuni riisi
- 3 küüslauguküünt, hakitud
- ½ tassi kuiva valget veini
- 2 tassi soolamata kanapuljongit
- 14½ untsi purki ilma soolata tulel röstitud kuubikuteks lõigatud tomateid
- 1¼ teelusikatäit koššersoola
- ½ tl jahvatatud kurkumit
- 1½ naela tooreid krevette, kooritud ja tükeldatud
- 1½ tassi külmutatud magusaid herneid, sulatatud
- 2 spl hakitud värsket lamedate lehtedega peterselli
- 1 sidrun, lõigatud 6 viilu

JUHISED:
a) Kuumuta nakkumatu pann keskmisel kohal; lisa chorizo ja küpseta aeg-ajalt segades, kuni vorst on pruunistunud, umbes 5 minutit. Eemaldage chorizo pannilt lõhikuga lusikaga, jättes tilgad pannile; nõruta chorizo paberrätikutele.
b) Lisage pannil reserveeritud tilgutitele sibul ja paprika; küpseta, aeg-ajalt segades, kuni see on veidi pehmenenud, umbes 5 minutit.
c) Lisa riis ja küüslauk; küpseta, sageli segades, kuni riis on kergelt röstitud, umbes 1 minut. Lisa vein ja tõsta tulelt. Valage 6-liitrisesse potti; segage puljong, tomatid, sool, kurkum ja chorizo. Katke ja küpseta HIGH-l, kuni riis on pehme ja vedelik on peaaegu imendunud, umbes 3 tundi.
d) Sega hulka krevetid ja herned; katke ja küpseta HIGH-l, kuni krevetid muutuvad roosaks, 10–15 minutit. Jagage segu 6 plaadi vahel; puista ühtlaselt peterselliga ja serveeri sidruniviiludega.

6. Krevettide ja riisi paella

KOOSTISOSAD:
- 32 untsi külmutatud looduslikult püütud krevetid
- 16 untsi jasmiini riisi
- 4 untsi võid
- 4 untsi hakitud värsket peterselli
- 2 tl meresoola
- ½ tl musta pipart
- 2 näputäis purustatud punast pipart
- 2 keskmist sidrunit, mahl
- 2 näputäis safranit
- 24 untsi kanapuljongit
- 8 küüslauguküünt, hakitud

JUHISED:
a) Lisa kõik koostisosad kiirpotti.
b) Aseta krevetid peale.
c) Katke ja kinnitage kaas. Pöörake selle rõhuvabastuskäepide tihendusasendisse.
d) Küpseta 10 minutit kõrge rõhuga funktsioonil "Käsitsi".
e) Pärast piiksu tehke loomulikku vabastust 7 minutit.
f) Vajadusel eemalda krevettide koored ja seejärel lisa krevetid tagasi riisile.
g) Sega läbi ja serveeri soojalt.

7. Merikuradi ja rannakarp Paella

KOOSTISOSAD:
- 1 kilogramm värskeid rannakarpe
- 150 ml kuiva valget veini või vett
- Näputäis safranikiudu
- 900 ml kuuma kalapuljongit
- 6 supilusikatäit oliiviõli
- 1-kilogrammine merikuradi filee tükkideks lõigatud
- 1 sibul, hakitud
- 2 küüslauguküünt, purustatud
- 1 purk (185g) punaseid pimentosid, ribadeks lõigatud
- 2 suurt küpset tomatit, jämedalt hakitud
- 350 grammi Valencia või risoto riisi
- Sool ja pipar
- 100 grammi keedetud herneid
- Kaunistuseks sidruniviilud ja hakitud värske petersell

JUHISED:

a) Puhastage rannakarbid ja loputage neid külmas vees, visates ära kõik katkiste või lahtiste koortega. Asetage need valge veini või veega suurde kastrulisse ja keetke kõrgel kuumusel 3–4 minutit, panni aegajalt raputades, kuni rannakarbid avanevad. Nõruta need kurnis kausi kohal, et koguda keeduvedelikku. Visake suletuks jäänud rannakarbid ära.

b) Pane safran väikesesse kaussi ja vala peale 2-3 spl kuuma kalapuljongit. Jäta 20 minutiks tõmbama.

c) Kuumuta suurel pannil oliiviõli ja prae merikuradi 5 minutit. Eemaldage merikuradi lõhikuga lusikaga ja asetage see kõrvale.

d) Lisa pannile hakitud sibul, purustatud küüslauk ja pimentoribad ning prae 10 minutit kõrgel kuumusel. Lisa jämedalt tükeldatud tomatid ja prae veel 5 minutit või kuni segu pakseneb.

e) Segage riisi, kuni see on sibulaseguga kaetud. Tõsta merikukk tagasi pannile, seejärel vala kalapuljong, kurnatud rannakarpide keetmisvedelik, safran ja maitseained. Keeda paar minutit hoogsalt, siis alanda kuumust ja küpseta segamata 15-20 minutit, kuni riis ja kala on pehmed.

f) Eemaldage suurem osa rannakarpe nende kestadest, jättes mõned karpidest alles.

g) Lisa riisile kooritud rannakarbid ja keedetud herned. Sega läbi ja lisa vajadusel puljongit.

h) Lülitage kuumus välja, katke rätikuga ja laske 3-4 minutit seista.

i) Serveerige paellat korraga, kaunistatud karpidega, sidruniviilude ja hakitud värske peterselliga.

8. Homaar Paella

KOOSTISOSAD:
- ¼ tassi head oliiviõli
- 1 ½ tassi hakitud kollast sibulat (2 sibulat)
- 2 punast paprikat, südamikust puhastatud ja ½-tollisteks ribadeks viilutatud
- 2 supilusikatäit hakitud küüslauku (4 kuni 6 küünt)
- 2 tassi valget basmati riisi
- 5 tassi head kanapuljongit, eelistatavalt omatehtud
- ½ tl safrani niidid, purustatud
- ¼ tl purustatud punase pipra helbeid
- 1 spl koššersoola
- 1 tl värskelt jahvatatud musta pipart
- ⅓ tassi lagritsamaitselist likööri (soovitatav: Pernod)
- 1 ½ naela keedetud homaariliha
- 1 nael kielbasat, viilutatud ¼ kuni ½ tolli paksuseks
- 1 (10 untsi) pakend külmutatud herneid
- 1 spl hakitud värskeid lamedate lehtedega peterselli lehti
- 2 sidrunit, viiludeks lõigatud

JUHISED:
a) Kuumuta ahi temperatuurini 425 kraadi F (220 kraadi C).
b) Suures ahjukindlas Hollandi ahjus kuumuta oliiviõli keskmisel-madalal kuumusel. Lisa hakitud sibul ja küpseta umbes 5 minutit, aeg-ajalt segades.
c) Lisage punased paprikad ja keetke keskmisel kuumusel veel 5 minutit.
d) Alanda kuumust, lisa hakitud küüslauk ja küpseta veel 1 minut.
e) Sega hulka valge basmati riis, kanapuljong, purustatud safranilõng, purustatud punase pipra helbed, koššersool ja värskelt jahvatatud must pipar. Kuumuta segu keemiseni.
f) Katke pott ja asetage see eelsoojendatud ahju. 15 minuti pärast segage riisi õrnalt puulusikaga ja pange see tagasi ahju, et küpsetada kaaneta veel 10–15 minutit või kuni riis on täielikult küpsenud ja vedeliku endasse imanud.
g) Tõsta paella tagasi pliidiplaadile ja lisa lagritsamaitseline liköör. Küpseta paellat keskmisel kuumusel 1 minut, lastes likööril riisil imenduda.
h) Lülitage kuumus välja ja lisage keedetud homaari liha, kielbasa ja külmutatud herned. Sega õrnalt segamiseks.
i) Kata paella kaanega ja lase 10 minutit aurutada.
j) Puista peale hakitud värsket lehtpeterselli ja kaunista sidruniviiludega.

9. Segatud mereannid ja kanapaella

KOOSTISOSAD:
- 2 tassi paella riisi
- 1/2 naela kanareisid, kondita ja nahata, kuubikuteks lõigatud
- 1/2 naela segatud mereande (karbid, krevetid, kalmaar)
- 1 sibul, peeneks hakitud
- 3 küüslauguküünt, hakitud
- 1 punane paprika, viilutatud
- 1 tomat, tükeldatud
- 4 tassi kanapuljongit
- 1 tl suitsupaprikat
- 1/2 tl safrani niidid
- Sool ja pipar maitse järgi
- 1/4 tassi oliiviõli

JUHISED:
a) Kuumuta paellapannil keskmisel kuumusel oliiviõli. Lisa kuubikuteks lõigatud kana ja küpseta pruuniks.
b) Lisa hakitud sibul ja küüslauk; hauta pehmeks.
c) Sega juurde paellariis, määri see õliga ja sega kanaga.
d) Lisa suitsupaprika, safranniidid ja tükeldatud tomatid. Vala sisse kanapuljong.
e) Laota segatud mereannid riisi peale ja küpseta, kuni riis on peaaegu valmis.
f) Maitsesta soola ja pipraga. Kata pann kaanega ja lase podiseda, kuni riis on täielikult küpsenud.
g) Serveeri kuumalt.

10. Kalmaari tindipaella mereandidega

KOOSTISOSAD:
- 2 tassi lühiteralist riisi
- 1/2 naela kalmaari, puhastatud ja viilutatud
- 1/2 naela suured krevetid, kooritud ja tükeldatud
- 1 sibul, peeneks hakitud
- 3 küüslauguküünt, hakitud
- 1 punane paprika, viilutatud
- 2 tomatit, riivitud
- 4 tassi kala- või mereandide puljongit
- 2 tl kalmaari tinti
- 1/2 tassi kuiva valget veini
- Sool ja pipar maitse järgi
- 1/4 tassi oliiviõli

JUHISED:
a) Kuumuta paellapannil keskmisel kuumusel oliiviõli. Lisa hakitud sibul ja küüslauk; hauta läbipaistvaks.
b) Lisa viilutatud kalmaar ja krevetid; küpseta, kuni mereannid on kergelt pruunistunud.
c) Sega juurde lühiteraline riis, määri see õliga ja sega mereandidega.
d) Lisa riivitud tomatid, viilutatud punane paprika ja kalmaari tint. Vala sisse kala- või mereandide puljong ja valge vein.
e) Maitsesta soola ja pipraga. Keeda, kuni riis on peaaegu valmis.
f) Kata pann kaanega ja lase podiseda, kuni riis on täielikult küpsenud.
g) Serveeri kuumalt.

11. Homaar ja kammkarp Paella

KOOSTISOSAD:
- 2 tassi Valencia riisi
- 1 homaar, keedetud ja tükkideks hakitud
- 1/2 naela meri kammkarpe
- 1 sibul, peeneks hakitud
- 3 küüslauguküünt, hakitud
- 1 kollane paprika, viilutatud
- 1 tass kirsstomateid, poolitatud
- 4 tassi kala- või mereandide puljongit
- 1 tl magusat paprikat
- Näputäis safranilõngu
- Sool ja pipar maitse järgi
- 1/4 tassi oliiviõli

JUHISED:
a) Kuumuta paellapannil keskmisel kuumusel oliiviõli. Lisa hakitud sibul ja küüslauk; hauta pehmeks.
b) Lisa Valencia riis, segades, et riis kataks õliga.
c) Sega juurde paprika ja safrani niidid. Lisa kollane paprika ja kirsstomatid.
d) Vala sisse kala- või mereandide puljong. Maitsesta soola ja pipraga.
e) Aseta riisi peale homaaritükid ja merikammkarbid. Keeda, kuni riis on peaaegu valmis.
f) Kata pann kaanega ja lase podiseda, kuni riis on täielikult küpsenud.
g) Serveeri kuumalt.

12. Segatud mereannid ja Chorizo Paella

KOOSTISOSAD:
- 2 tassi Calasparra riisi
- 1/2 naela segatud mereande (karbid, rannakarbid, krevetid)
- 1/2 naela chorizo vorsti, viilutatud
- 1 sibul, peeneks hakitud
- 3 küüslauguküünt, hakitud
- 1 roheline paprika, viilutatud
- 1 tass purustatud tomateid
- 4 tassi kana- või kalapuljongit
- 1 tl suitsupaprikat
- Sool ja pipar maitse järgi
- 1/4 tassi oliiviõli

JUHISED:
a) Kuumuta paellapannil keskmisel kuumusel oliiviõli. Lisa hakitud sibul ja küüslauk; hauta läbipaistvaks.
b) Lisa viilutatud chorizo ja küpseta pruuniks.
c) Sega juurde Calasparra riis, määri see õliga ja sega chorizoga.
d) Lisa purustatud tomatid ja viilutatud roheline paprika. Vala sisse kana- või kalapuljong.
e) Maitsesta suitsupaprika, soola ja pipraga.
f) Aseta segatud mereannid riisi peale ja küpseta, kuni riis on peaaegu valmis.
g) Kata pann kaanega ja lase podiseda, kuni riis on täielikult küpsenud.
h) Serveeri kuumalt.

13. Karp- ja vorstipaella

KOOSTISOSAD:
- 2 tassi keskmise teraga riisi
- 1 nael väikekaelusega karbid, puhastatud
- 1/2 naela Hispaania chorizo, viilutatud
- 1 sibul, peeneks hakitud
- 3 küüslauguküünt, hakitud
- 1 kollane paprika, tükeldatud
- 1 tass kuiva valget veini
- 4 tassi kana- või kalapuljongit
- 1 tl paprikat
- Näputäis safranilõngu
- Sool ja pipar maitse järgi
- 1/4 tassi oliiviõli

JUHISED:
a) Kuumuta paellapannil keskmisel kuumusel oliiviõli. Lisa hakitud sibul ja küüslauk; hauta pehmeks.
b) Lisa viilutatud chorizo ja küpseta pruuniks.
c) Sega juurde keskmise teraline riis, määri see õliga ja sega chorizoga.
d) Lisa kuubikuteks lõigatud kollane paprika. Vala sisse kuiv valge vein ja kana- või kalapuljong.
e) Maitsesta paprika, safranilõngade, soola ja pipraga.
f) Aseta riisi peale puhastatud karbid ja küpseta, kuni riis on peaaegu valmis.
g) Kata pann kaanega ja lase podiseda, kuni riis on täielikult küpsenud.
h) Serveeri kuumalt.

14. Lõhe ja spargli paella

KOOSTISOSAD:
- 2 tassi lühiteralist riisi
- 1 kilo tükkideks lõigatud lõhefileed
- 1/2 naela sparglit, kärbitud ja tükkideks lõigatud
- 1 sibul, peeneks hakitud
- 3 küüslauguküünt, hakitud
- 1 punane paprika, viilutatud
- 1 tass kirsstomateid, poolitatud
- 4 tassi kala- või köögiviljapuljongit
- 1 tl suitsupaprikat
- Näputäis safranilõngu
- Sool ja pipar maitse järgi
- 1/4 tassi oliiviõli

JUHISED:
a) Kuumuta paellapannil keskmisel kuumusel oliiviõli. Lisa hakitud sibul ja küüslauk; hauta pehmeks.
b) Lisa lühiteraline riis, segades, et riis kataks õliga.
c) Sega juurde suitsupaprika ja safrani niidid. Lisa punane paprika ja kirsstomatid.
d) Vala sisse kala- või köögiviljapuljong. Maitsesta soola ja pipraga.
e) Laota riisi peale lõhetükid ja spargel. Keeda, kuni riis on peaaegu valmis.
f) Kata pann kaanega ja lase podiseda, kuni riis on täielikult küpsenud.
g) Serveeri kuumalt.

LINNULIHA PAELLA

15. Kana, krevetid ja Chorizo Paella

KOOSTISOSAD:
- ½ tl safrani niidid, purustatud
- 2 spl oliiviõli
- 1 nael nahata, kondita kana reied, lõigatud 2-tollisteks tükkideks
- 4 untsi keedetud, suitsutatud Hispaania stiilis chorizo vorsti, viilutatud
- 1 keskmine sibul, hakitud
- 4 küüslauguküünt, hakitud
- 1 tass jämedalt riivitud tomateid
- 1 spl suitsutatud magusat paprikat
- 6 tassi vähendatud naatriumisisaldusega kanapuljongit
- 2 tassi lühikeseteralist Hispaania riisi, nagu Bomba, Calasparra või Valencia
- 12 suurt krevetti, kooritud ja tükeldatud
- 8 untsi külmutatud herned, sulatatud
- Tükeldatud rohelised oliivid (valikuline)
- Hakitud Itaalia petersell

JUHISED:

a) Segage väikeses kausis safran ja ¼ tassi kuuma vett; lase seista 10 minutit.
b) Samal ajal kuumutage 15-tollisel paellapannil õli keskmisel kõrgel kuumusel. Lisa pannile kana. Küpseta, aeg-ajalt keerates, kuni kana on pruunistunud, umbes 5 minutit.
c) Lisa chorizo. Küpseta veel 1 minut. Tõsta kõik taldrikule.
d) Lisa pannile sibul ja küüslauk. Keeda ja sega 2 minutit. Lisa tomatid ja paprika. Küpseta ja sega veel 5 minutit või kuni tomatid on paksenenud ja peaaegu pastataolised.
e) Tõsta kana ja chorizo pannile. Lisa kanapuljong, safranisegu ja ½ tl soola; lase kõrgel kuumusel keema.
f) Lisa pannile riis, korra ühtlaseks jaotumiseks segades. Keeda segamata, kuni riis on suurema osa vedelikust imanud, umbes 12 minutit. (Kui pann on põletist suurem, pöörake seda iga paari minuti järel, et riis küpseks ühtlaselt.)
g) Vähendage kuumust madalaks. Küpseta segamata veel 5–10 minutit, kuni kogu vedelik on imendunud ja riis on al dente. Kõige peale tõsta krevetid ja herned.
h) Keera kuumus kõrgeks. Küpseta segamata veel 1–2 minutit (ääred peaksid välja nägema kuivad ja põhjale peaks tekkima koorik). Eemalda. Kata pann fooliumiga.
i) Lase enne serveerimist 10 minutit puhata. Lisa soovi korral oliivid ja petersell.

16. Survekeetja kanapaella mereandidega

KOOSTISOSAD:
- 1½ naela kana osad, nahaga, lõigatud 2-tollisteks tükkideks
- ½ tl soola (jagatud)
- ¼ tl valget pipart
- 1 spl oliiviõli
- ½ tassi tükeldatud sibulat
- 2 küüslauguküünt, hakitud
- 1 keskmine roheline paprika, lõigatud 1-tollisteks ruutudeks
- 1 tass purustatud konserveeritud tomateid
- 4 untsi pikateralist riisi, kuumtöötlemata
- ¾ tassi vett
- 1 pakk lahustuvat kanapuljongit ja maitseainesegu
- ¼ teelusikatäit majoraani
- ⅛ teelusikatäis tervet safranit (valikuline)
- 5 untsi kooritud ja tühjendatud krevette
- 12 väikest merekarpi koorega, kooritud või 4 untsi hakitud merekarpe (konserveeritud), nõrutatud

JUHISED:
a) Puista kanatükid ¼ tl soola ja valge pipraga. Kõrvale panema.
b) Kuumutage 4-liitrises kiirkeetjas oliiviõli. Lisa tükeldatud sibul ja hakitud küüslauk ning prae 2 minutit.
c) Lisa kana ja jätka praadimist 3 minutit kauem.
d) Sega hulka roheline pipar, purustatud tomatid ja riis.
e) Lisa vesi, lahustuv kanapuljongi segu, majoraan ja safran (soovi korral). Lisage ka ülejäänud ¼ teelusikatäit soola. Sega segamiseks.
f) Sulgege kiirkeetja kaas kindlalt. Asetage rõhuregulaator kindlalt ventilatsioonitorule ja kuumutage, kuni regulaator hakkab õrnalt õõtsuma.
g) Küpseta 15 naela rõhul 5 minutit.
h) Rõhu alandamiseks hoidke kiirkeedukat jooksva külma vee all.
i) Eemaldage kaas ja segage krevetid ja karbid riisisegu hulka.
j) Sulgege pliit uuesti ja küpsetage 15 naela rõhul veel 3 minutit.
k) Alandage rõhku jooksva külma vee all.
l) Enne serveerimist aja riis kahvliga kohevaks.

17. Kana spargel Paella

KOOSTISOSAD:
- ¾ naela sparglit
- 1 nael Kanaliha, kuubikuteks
- ⅛ teelusikatäis pipart
- 2 supilusikatäit oliiviõli
- Suur sibul
- Valge vein (kuiv)
- 1 ½ tassi riisi (pikateraline)
- ½ tassi Pimiento või röstitud punane kelluke
- 1 tass vett
- ¾ tassi magusaid herneid
- ¾ naela brokkoli
- ⅛ teelusikatäis soola
- 3 supilusikatäit jahu
- ½ naela suvikõrvits, ½ tolli kuubikuteks
- 1 Küüslauguküüs, pressitud
- 1 nael Tomatid, karbonaad, seemned, nahk
- 1 näputäis Cayenne'i
- 1 tass kanapuljongit (14 ½ untsi)
- ½ tl safranit

JUHISED:

a) Eemaldage spargli kõvad otsad ja visake need ära. Lõika otsad 2-tollisteks tükkideks ja asetage kõrvale. Lõika varred ¼ tolli paksusteks viiludeks. Lõika brokoliõisikud ära ja tõsta spargliotstega kõrvale. Koori varred, veerandi pikkupidi ja lõika spargliviiludega samasuurteks tükkideks.

b) Keeda viilutatud sparglit ja brokkolit keevas vees 3 minutit või kuni need on vaevu pehmed. Nõruta ja tõsta kõrvale.

c) Puista kanaliha soola ja pipraga. Veereta jahus ja varjuta üleliigne. Kuumuta 1 supilusikatäis õli laial mittenakkuval pannil keskmisel-kõrgel kuumusel.

d) Lisa kana ja küpseta 3 minutit mõlemalt poolt või kuni see on kergelt pruunistunud. Eemalda kana pannilt ja tõsta kõrvale.

e) Lisa pannile ülejäänud supilusikatäis õli. Lisa suvikõrvits ja küpseta keskmisel kõrgel kuumusel 4 või 5 minutit või kuni see on kergelt pruunistunud. Tõsta lusikaga pannilt välja ja tõsta kõrvale.

f) Lisa pannile sibul ja küüslauk. Segage üks kord ja lisage vein. Seejärel katke kaanega ja küpseta madalal kuumusel 10 minutit või kuni sibul on pehme ja vedelik imendunud. Segage tomatid ja keetke ilma kaaneta 4 minutit. Sega juurde riis ja cayenne.

g) Tõsta riisisegu laiale madalale 4-kvartisele pajapotile. Lisage blanšeeritud spargel ja spargelkapsas, kana, suvikõrvits ja röstitud paprika. Sel hetkel võite katta ja hoida külmkapis kuni 8 tundi

h) Kuumuta pannil kanapuljong ja vesi keema. Sega juurde safran. Vala peale riisisegu. Kata pajaroog tihedalt fooliumiga. Küpseta eelkuumutatud 350 F ahjus 40 minutit. Lisa herned ja sega kahe kahvliga õrnalt riisi hulka. Katke ja küpsetage veel 10 või 15 minutit või kuni riis on pehme ja kogu vedelik on imendunud.

i) Kui riis on valmis, küpseta spargliotsi ja brokoliõisikuid keevas vees 4 minutit või kuni need on vaevu pehmed. Nõruta ja aseta riisi peale kaunistuseks.

18. Kana ja maisi paella

KOOSTISOSAD:

- 2 tassi Bomba riisi
- 1 nael kanarinda, kondita ja nahata, lõigatud tükkideks
- 1 sibul, peeneks hakitud
- 3 küüslauguküünt, hakitud
- 1 tass maisiterad
- 1 kollane paprika, viilutatud
- 4 tassi kanapuljongit
- 1 tl paprikat
- Näputäis safranilõngu
- Sool ja pipar maitse järgi
- 1/4 tassi oliiviõli

JUHISED:

a) Kuumuta paellapannil keskmisel kuumusel oliiviõli. Lisa hakitud sibul ja küüslauk; hauta pehmeks.
b) Lisa kanatükid ja küpseta pruuniks.
c) Sega juurde Bomba riis, määri see õliga ja sega kanaga.
d) Lisa maisiterad ja viilutatud kollane paprika. Vala sisse kanapuljong.
e) Maitsesta paprika, safranilõngade, soola ja pipraga.
f) Keeda, kuni riis on peaaegu valmis. Kata pann kaanega ja lase podiseda, kuni riis on täielikult küpsenud.
g) Serveeri kuumalt.

19. Grillitud kana, vorsti ja krevettide paella

KOOSTISOSAD:
- 2 naela kanatiivad või reied
- 2 supilusikatäit pluss ¼ tassi ekstra neitsioliiviõli, jagatud
- Sool ja must pipar, maitse järgi
- 1 nael Garlicky vorstilinke
- 1 suur sibul, hakitud
- 2 suurt punast paprikat, seemnetest puhastatud ja õhukesteks ribadeks lõigatud
- 4 küüslauguküünt, hakitud
- 1 purk (14 untsi) tükeldatud tomateid, nõrutamata
- 4 tassi kuumtöötlemata riisi
- ¾ naela kanatiivad
- ½ naela suured krevetid, kooritud ja tükeldatud, tervete sabadega
- 1 ½ tassi külmutatud herned
- 1 purk (14 untsi) kanapuljongit
- 2 sidrunit, viiludeks lõigatud
- 2 ovaalset ühekordset fooliumpanni (17x13x3")

JUHISED:

a) Pintselda kana 2 spl oliiviõliga ning maitsesta soola ja musta pipraga.

b) Grilli kana ja vorsti kaetud grillil keskmiselt kuumade süte kohal 15–20 minutit või seni, kuni kanamahl on selge ja vorst ei ole enam roosa. Pöörake neid iga 5 minuti järel. Pärast grillimist lõigake vorst 2-tollisteks tükkideks.

c) Kuumutage ülejäänud ¼ tassi õli suurel pannil keskmisel-kõrgel kuumusel. Lisa hakitud sibul, paprika ja hakitud küüslauk. Küpseta ja sega umbes 5 minutit või kuni köögiviljad on pehmed.

d) Lisa kuivatamata tükeldatud tomatid, 1 ½ tl soola ja ½ tl musta pipart. Keeda umbes 8 minutit, kuni segu pakseneb, sageli segades.

e) Sega sibulasegu ja riis ühes fooliumipannil ühtlaselt laiali. Aseta grillkana, vorst, mereannid ja herned riisi peale.

f) Kuumuta 3-liitrises kastrulis kanapuljong ja 6 tassi vett keema. Aseta fooliumpann riisi ja muude koostisosadega grillile keskmise söe peale. Vala keev puljongisegu kohe riisile.

g) Grilli paellat kaetud grillil umbes 20 minutit, kuni vedelik on imendunud. Ärge segage. Kata fooliumiga ja lase 10 minutit seista.

h) Kaunista sidruniviiludega ja serveeri.

20. Kana ja musta oa paella

KOOSTISOSAD:
- 1 pakk (7,25 untsi) Rice-a-Roni – Rice Pilaf
- ¾ naela Kontideta, nahata kana rinnapoolikud, õhukeselt viilutatud
- 1 tass hakitud sibulat
- 2 küüslauguküünt, hakitud
- ¾ tl jahvatatud kurkumit
- ⅛ kuni ¼ teelusikatäit kuuma pipra kastet
- 1 purk (15 untsi) musti ube, nõrutatud ja loputatud
- 1 ½ tassi külmutatud herned
- 1 keskmine tomat, seemnetest puhastatud ja tükeldatud

JUHISED:
a) Hauta suurel pannil riisi-vermišelli segu vastavalt pakendil olevale juhisele. Sega hulka 2 tassi vett, kana (või sealiha), hakitud sibul, hakitud küüslauk, jahvatatud kurkum, terav piprakaste ja maitseainepaki sisu. Kuumuta segu kõrgel kuumusel keema.
b) Kata pann kaanega ja alanda kuumust madalale. Hauta 8 minutit.
c) Sega hulka nõrutatud ja loputatud mustad oad ja külmutatud herned. Kata kaanega ja hauta veel 7-10 minutit või kuni suurem osa vedelikust on imendunud.
d) Viimasena sega juurde tükeldatud tomat.

21. Kana ja itaalia vorst Paella

KOOSTISOSAD:
- 2 kanakoiba, nahk peal, pruunistatud
- 2 kanakintsu, nahk peal, pruunistatud
- 3 suurt tükki Itaalia vorstilinke, pruunistatud ja seejärel 1-tollisteks tükkideks lõigatud
- 1 punane ja kollane paprika ribadeks lõigatud ja eelröstitud
- 1 hunnik beebibrokkoliinit, eelnevalt keedetud
- 1½ tassi riisi, lühikese teraga nagu karnaroli või arborio
- 4 tassi kanapuljongit, soojendatud
- 1 tass röstitud punase pipra püreed
- ¼ tassi kuiva valget veini
- 1 keskmine sibul, suur kuubikuteks lõigatud
- 4 suurt küüslauguküünt, raseeritud
- riivitud parmesani või Romano juustu
- oliiviõli

JUHISED:

a) Alustuseks pruunistage oma kanatükid paellapannil, tehke mõlemalt poolt hea koorik ja küpseta peaaegu läbi, kuid mitte päris, seejärel pange kõrvale.
b) Pühkige pannilt ära üleliigne õli ja seejärel pühkige vorstilülidelt ära liigne õli.
c) Nirista suurele pannile oliiviõli, seejärel lisa hakitud küüslauk ja sibul ning prae pehmeks ja kuldseks.
d) Lisa vein ja lase minut aega podiseda.
e) Kombineerige kogu riis poole oma punase pipra püreest või veidi rohkemaga. Viska ühtlaseks kaaneks, seejärel suru riisisegu panni põhja.
f) Lisa riisile veidi riivjuustu, soola ja pipart.
g) Aseta vorstitükid koos kanatükkidega panni ümber.
h) Paigutage ülejäänud köögiviljad loominguliselt liha ümber.
i) Valage ettevaatlikult peale kõik 4 tassi sooja puljongit.
j) Kasutage kondiitripintslit, pintseldage kana peal rohkem punase pipra püreed, et saada rohkem maitset, soovi korral täpid ümberringi.
k) Küpseta madalal kuumusel, lõdvalt fooliumiga kaetult, kuni niiskus on aurustunud.
l) Kuumuta ahi temperatuurini 375 °F ja küpseta kaetud pannil 15–20 minutit, et liha oleks läbi küpsenud.
m) Jätkake küpsetamist pliidi peal, kuni riis on pehme.
n) Kogu aeg peaks olema umbes 45 minutit.
o) Pange see mõneks minutiks kõrvale jahtuma.
p) Kaunista värske basiiliku ja hakitud peterselliga.

22. Kana ja mereandide Paella salat

KOOSTISOSAD:
RIISI KOHTA:
- 3 supilusikatäit parima kvaliteediga oliiviõli
- 3 suurt küüslauguküünt, hakitud
- 1 väike sibul, peeneks hakitud
- 2 tassi pikateralist riisi
- 4 ½ tassi kanapuljongit
- ¼ tl pulbristatud safranit või 1 tl safrani niite
- ½ tl kurkumit
- ½ tl kuivatatud tüümiani

VIINIGRETTI KOHTA:
- ⅔ tassi oliiviõli
- 2 spl punase veini äädikat
- 1 suur küüslauguküüs, hakitud
- ¼ tassi peeneks hakitud värsket peterselli
- Sool, maitse järgi
- Palju värskelt jahvatatud musta pipart

SALATI JAOKS:
- 1 terve keedetud kanarind, nahast eemaldatud, konditustatud ja hammustussuurusteks tükkideks lõigatud
- 12 keedetud krevetti, kooritud ja kooritud
- ½ naela keedetud chorizot, viilutatud
- 1 suur punane paprika, seemnetest puhastatud ja tükeldatud
- 1 suur küps tomat, seemnetest puhastatud ja tükeldatud
- 14 untsi konserveeritud artišokisüdameid, nõrutatud ja viilutatud
- 1 tass värskeid või külmutatud herneid
- 6 tervet sibulat, peeneks hakitud
- ¼ tassi hakitud värsket peterselli
- 14 Kalamata oliivi, kivideta ja poolitatud

JUHISED:

a) Kuumuta 3 supilusikatäit oliiviõli raskes 4,5-liitrises kastrulis. Lisa hakitud küüslauk ja sibul ning küpseta pehmeks, umbes 2 minutit.
b) Lisa riis ja sega õliga kattumiseks.
c) Lisa kanapuljong, safran (kas pulbristatud või murenenud niidid), kurkum ja kuivatatud tüümian. Katke ja laske keema tõusta. Alanda kuumust ja hauta, kuni vesi on imendunud, mis võtab aega umbes 25 minutit.
d) Tõsta keedetud riis suurde kaussi ja lase jahtuda toatemperatuurini.
e) Sega väikeses kausis vinegreti valmistamiseks ⅔ tassi oliiviõli, punase veini äädikat, hakitud küüslauku, peterselli, soola ja rohkelt värskelt jahvatatud musta pipart.
f) Lisa jahtunud riisile kana, krevetid, viilutatud chorizo, hakitud punane paprika, tükeldatud tomat, viilutatud artišokisüdamed, herned, peeneks hakitud talisibul, hakitud petersell ja poolitatud Kalamata oliivid.
g) Segage segu, seejärel lisage nii palju vinegretti, et kõik koostisosad oleksid kergelt kaetud. Lisamiseks segage õrnalt.
h) Maitse salatit ja vajadusel kohanda maitseaineid.
i) Hoidke Paella salatit külmkapis, kuni olete serveerimiseks valmis.

23. Kana ja Lima Bean Paella

KOOSTISOSAD:
- 2 spl oliivõli (eelistatavalt ekstra neitsiõli)
- 2 ½ tassi hakitud punast sibulat (umbes 2 keskmist)
- 1 unts peeneks hakitud suitsusinki (vähe ¼ tassi)
- 4 spl hakitud värsket tüümiani või 1 ½ supilusikatäit kuivatatud
- 3 suurt loorberilehte
- 8 untsi nahata kondita kana reied, rasvaga kärbitud, lõigatud 1-tollisteks tükkideks
- 3 tassi külmutatud baby lima ube (umbes 1 nael)
- 1 purk itaaliapäraseid tomateid, tükkideks lõigatud, reserveeritud mahlaga (16 untsi)
- 6 küüslauguküünt, hakitud

JUHISED:
a) Kuumutage 2 supilusikatäit oliivõli suurel mittenakkuval pannil keskmisel-kõrgel kuumusel.
b) Lisa pannile hakitud punane sibul, peeneks hakitud suitsusink, hakitud värske tüümian ja loorberilehed. Prae, kuni sibul on pehme ja kuldne, mis peaks võtma umbes 8 minutit.
c) Lisa kanatükid, külmutatud baby lima oad, itaaliapärased tomatid koos mahlaga ja hakitud küüslauguküüned. Kuumuta segu keemiseni.
d) Alandage kuumust keskmiselt madalale, katke kaanega ja hautage umbes 25 minutit, kuni kanatükid on läbi küpsenud ja lima oad pehmed. Viska loorberilehed ära.
e) Maitsesta segu maitse järgi soola ja pipraga.
f) Tõsta paella suurde serveerimiskaussi, puista peale ülejäänud 1 spl hakitud värsket tüümiani ja serveeri.

24. Paella kana ja päikesekuivatatud tomatitega

KOOSTISOSAD:
- 1 ½ supilusikatäit oliiviõli
- 6 kanakoiba, nahk peal
- 1 ¼ tassi hakitud sibulat
- 1 tass rohelist paprikat, julieneeritud
- 2 suurt küüslauguküünt, hakitud
- 1 ½ tassi pikateralist riisi, kuumtöötlemata
- 3 tassi kana puljongit
- 14 ½ untsi terveid tomateid, kooritud
- 1 ½ tassi päikesekuivatatud tomateid, poolitatud
- 1 tass kuiva valget veini
- 1 spl värsket pune, hakitud (või 1 tl kuivatatud pune)
- 1 spl värsket hakitud tüümiani (või 1 tl kuivatatud tüümiani)
- ¼ tl punase pipra helbeid (või ½ tl, kui sulle meeldib vürtsikam)
- 1,5 naela kooritud karbid ja/või rannakarbid
- ¾ naela keskmisi krevette, kooritud
- 1 tass külmutatud herneid, sulatatud
- Sool ja pipar maitse järgi

JUHISED:
a) Kuumuta oliiviõli Hollandi ahjus või suurel pannil. Lisa kanakoivad ja prae igast küljest pruuniks, umbes 10 minutit. Eemaldage kana ja asetage see kõrvale.
b) Lisage samasse potti hakitud sibul, julieneeritud roheline paprika ja hakitud küüslauk. Prae segades umbes 3 minutit.
c) Lisa keetmata pikateraline riis, kanapuljong, konserveeritud terved tomatid, päikesekuivatatud tomatid, valge vein, värske pune (või kuivatatud pune), värske tüümian (või kuivatatud tüümian) ja punase pipra helbed. Kuumuta segu keemiseni.
d) Kata pott kaanega ja hauta umbes 20 minutit või kuni suurem osa vedelikust on peaaegu imendunud.
e) Segage karbid ja/või rannakarbid ning küpseta umbes 6 minutit või kuni kestad hakkavad avanema.
f) Lisa kooritud krevetid ja sulatatud külmutatud herned. Küpseta veel 2–3 minutit või kuni krevetid on läbipaistmatud ja kõik merekarp või rannakarbid on avanenud.
g) Maitsesta soola ja pipraga maitse järgi.

25. Hispaania kana ja rannakarp Paella

KOOSTISOSAD:
- 2 spl oliiviõli
- 1 tass kollast sibulat, hakitud (1 keskmine)
- 1 punane või roheline paprika, südamikust puhastatud, seemnetest puhastatud ja ribadeks lõigatud
- 1 tass seemnetest puhastatud ja tükeldatud tomatit (1-naelane purk)
- 1 tl kuivatatud tüümiani ja basiilikut, murendatud
- 1 tl köömneid
- 1 loorberileht
- 1 spl hakitud küüslauku
- 2½ naela kana, lõigatud 10 portsjoniks (või 6 kanakoiba, eraldatud kintsudeks ja reiteks, kuni 3 naela)
- Sool ja pipar
- 2 spl oliiviõli
- ½ naela chorizo või hispaania vorsti, lõigatud risti viiludeks (või suitsusink, kuubikuteks lõigatud, umbes 3 lüli)
- 4½ tassi kanapuljongit (kuni 4 tassi)
- ¼ tl jahvatatud safranit või kurkumit
- 3 tassi pikateralist riisi
- 1 nael rannakarpe, puhastatud hästi, habe eemaldatud ja loputatud
- 1 tass värskeid või külmutatud herneid, sulatatud
- Kaunistuseks hakitud värsket koriandrit või peterselli
- Kaunistuseks sidruniviilud

JUHISED:
SOFRITO KOHTA:
a) Valmistage sofrito: kuumutage pannil 2 spl oliiviõli.
b) Lisa hakitud sibul ja paprika ning küpseta, kuni need on pehmenenud, umbes 2 minutit.
c) Lisa tükeldatud tomatid, kuivatatud tüümian, basiilik, köömned, loorberileht ja hakitud küüslauk. Maitsesta soola ja pipraga. Küpseta segu 5–7 minutit või kuni peaaegu kogu vedelik on aurustunud. Pange see kõrvale.

PAELLA KOKKUVÕTE:
d) Kuivatage kana ja maitsestage soola ja pipraga.
e) Kuumuta suurel sügaval ahjukindlal pannil õli mõõdukalt kõrgel kuumusel, kuni see on kuum.
f) Lisa kana pannile ja küpseta seda 7–10 minutit mõlemalt poolt või kuni see on pruunistunud. Tõsta kana taldrikule.
g) Lisa vorst või sink pannile, küpseta seda vispeldades, kuni see on kergelt pruunistunud, ja tõsta see lusikaga taldrikule.
h) Kuumuta ahi 400 kraadini.
i) Kuumuta potis puljong mõõdukalt kõrgel kuumusel keema, lisa safran või kurkum ja lase segul 5 minutit tõmmata.
j) Asetage 14-tollisele paellapannile või suurele sügavale ahjupannile riis, kana, vorst või sink ja sofrito.
k) Lisa valmis puljong, lase vedelik tugeval kuumusel segades podiseda ja tõsta pann kohe tulelt.
l) Laota rannakarbid pannile ja küpseta paellat ahjupõrandal 25 minutit. Ärge segage paellat küpsetamise ajal. Kui segu muutub kuivaks, lisa veel puljong.
m) Lisa herned ja küpseta paellat veel 10 minutit või kuni vedelik on imendunud ja rannakarbid on avanenud.
n) Enne serveerimist lase paellal rätikuga kaetult 5 minutit seista.
o) Serveeri paellat oma tassis, kaunistatuna koriandri ja sidruniviiludega.

26. Kalkuni ja köögiviljade paella

KOOSTISOSAD:
- 2 tassi Arborio riisi
- 1 nael jahvatatud kalkun
- 1 sibul, peeneks hakitud
- 3 küüslauguküünt, hakitud
- 1 roheline paprika, tükeldatud
- 1 suvikõrvits, viilutatud
- 1 tass kirsstomateid, poolitatud
- 4 tassi kanapuljongit
- 1 tl paprikat
- Näputäis safranilõngu
- Sool ja pipar maitse järgi
- 1/4 tassi oliiviõli

JUHISED:
a) Kuumuta paellapannil keskmisel kuumusel oliiviõli. Lisa hakitud sibul ja küüslauk; hauta pehmeks.
b) Lisa jahvatatud kalkuniliha ja küpseta pruuniks.
c) Sega hulka Arborio riis, määri see õliga ja sega kalkuniga.
d) Lisa kuubikuteks lõigatud roheline paprika, viilutatud suvikõrvits ja kirsstomatid. Vala sisse kanapuljong.
e) Maitsesta paprika, safranilõngade, soola ja pipraga.
f) Keeda, kuni riis on peaaegu valmis. Kata pann kaanega ja lase podiseda, kuni riis on täielikult küpsenud.
g) Serveeri kuumalt.

27. Pardi ja seente paella

KOOSTISOSAD:
- 2 tassi Calasparra riisi
- 1 kilosed pardikoivad, nahaga
- 1 sibul, peeneks hakitud
- 3 küüslauguküünt, hakitud
- 1 tass metsaseeni, viilutatud
- 1 punane paprika, tükeldatud
- 4 tassi kanapuljongit
- 1 tl tüümiani
- Näputäis safranilõngu
- Sool ja pipar maitse järgi
- 1/4 tassi oliiviõli

JUHISED:
a) Kuumuta paellapannil keskmisel kuumusel oliiviõli. Lisa hakitud sibul ja küüslauk; hauta pehmeks.
b) Lisa pardikoivad ja küpseta igast küljest pruuniks.
c) Sega juurde Calasparra riis, määri see õliga ja sega pardiga.
d) Lisa viilutatud metsaseened ja kuubikuteks lõigatud punane paprika. Vala sisse kanapuljong.
e) Maitsesta tüümiani, safranilõngade, soola ja pipraga.
f) Keeda, kuni riis on peaaegu valmis. Kata pann kaanega ja lase podiseda, kuni riis on täielikult küpsenud.
g) Serveeri kuumalt.

28. Cornish Hen ja Chorizo Paella

KOOSTISOSAD:
- 2 tassi Valencia riisi
- 2 Cornish kana, tükkideks lõigatud
- 1/2 naela chorizo vorsti, viilutatud
- 1 sibul, peeneks hakitud
- 3 küüslauguküünt, hakitud
- 1 punane paprika, viilutatud
- 1 tass külmutatud herneid
- 4 tassi kanapuljongit
- 1 tl paprikat
- Näputäis safranilõngu
- Sool ja pipar maitse järgi
- 1/4 tassi oliiviõli

JUHISED:
a) Kuumuta paellapannil keskmisel kuumusel oliiviõli. Lisa hakitud sibul ja küüslauk; hauta pehmeks.
b) Lisa Cornish kanatükid ja chorizo; küpseta, kuni kana on igast küljest pruunistunud.
c) Sega hulka Valencia riis, määri see õliga ning sega kana ja chorizoga.
d) Lisa viilutatud punane paprika ja külmutatud herned. Vala sisse kanapuljong.
e) Maitsesta paprika, safranilõngade, soola ja pipraga.
f) Keeda, kuni riis on peaaegu valmis. Kata pann kaanega ja lase podiseda, kuni riis on täielikult küpsenud.
g) Serveeri kuumalt.

29. Türgi ja mereannid Paella

KOOSTISOSAD:
- 2 tassi Arborio riisi
- 1 nael jahvatatud kalkun
- 1/2 naela segatud mereande (krevetid, rannakarbid, kalmaar)
- 1 sibul, peeneks hakitud
- 3 küüslauguküünt, hakitud
- 1 punane paprika, viilutatud
- 1 tomat, tükeldatud
- 4 tassi kana- või kalapuljongit
- 1 tl suitsupaprikat
- 1/2 tl safrani niidid
- Sool ja pipar maitse järgi
- 1/4 tassi oliiviõli

JUHISED:
a) Kuumuta paellapannil keskmisel kuumusel oliiviõli. Lisa hakitud sibul ja küüslauk; hauta pehmeks.
b) Lisa jahvatatud kalkuniliha ja küpseta pruuniks.
c) Sega hulka Arborio riis, määri see õliga ja sega kalkuniga.
d) Lisa kuubikuteks lõigatud tomatid ja viilutatud punane paprika. Vala sisse kana- või kalapuljong.
e) Maitsesta suitsupaprika, safranilõngade, soola ja pipraga.
f) Laota segatud mereannid riisi peale ja küpseta, kuni riis on peaaegu valmis.
g) Kata pann kaanega ja lase podiseda, kuni riis on täielikult küpsenud.
h) Serveeri kuumalt.

ULUKITE LIHA PAELLA

30. Hirve ja metsseene paella

KOOSTISOSAD:
- 2 tassi Bomba riisi
- 1 nael hirveliha, kuubikuteks
- 1 sibul, peeneks hakitud
- 3 küüslauguküünt, hakitud
- 1 tass segatud metsaseeni, viilutatud
- 1 punane paprika, tükeldatud
- 4 tassi uluki- või veiselihapuljongit
- 1 tl suitsupaprikat
- Näputäis safranilõngu
- Sool ja pipar maitse järgi
- 1/4 tassi oliiviõli

JUHISED:
a) Kuumuta paellapannil keskmisel kuumusel oliiviõli. Lisa hakitud sibul ja küüslauk; hauta pehmeks.
b) Lisa kuubikuteks lõigatud hirveliha ja küpseta igast küljest pruuniks.
c) Sega juurde Bomba riis, määri see õliga ja sega ulukilihaga.
d) Lisa viilutatud metsaseened ja kuubikuteks lõigatud punane paprika. Vala sisse uluki- või veiselihapuljong.
e) Maitsesta suitsupaprika, safranilõngade, soola ja pipraga.
f) Keeda, kuni riis on peaaegu valmis. Kata pann kaanega ja lase podiseda, kuni riis on täielikult küpsenud.
g) Serveeri kuumalt.

31. Metssiga ja Chorizo Paella

KOOSTISOSAD:
- 2 tassi Calasparra riisi
- 1 kilo metssiga, kuubikuteks lõigatud
- 1/2 naela chorizo vorsti, viilutatud
- 1 sibul, peeneks hakitud
- 3 küüslauguküünt, hakitud
- 1 roheline paprika, viilutatud
- 4 tassi ulukiliha või veiseliha puljongit
- 1 tl paprikat
- Näputäis safranilõngu
- Sool ja pipar maitse järgi
- 1/4 tassi oliiviõli

JUHISED:
a) Kuumuta paellapannil keskmisel kuumusel oliiviõli. Lisa hakitud sibul ja küüslauk; hauta pehmeks.
b) Lisa kuubikuteks lõigatud metssiga ja chorizo; küpseta, kuni liha on pruunistunud.
c) Sega juurde Calasparra riis, määri see õliga ja sega lihaga.
d) Lisa viilutatud roheline paprika. Vala sisse uluki- või veiselihapuljong.
e) Maitsesta paprika, safranilõngade, soola ja pipraga.
f) Keeda, kuni riis on peaaegu valmis. Kata pann kaanega ja lase podiseda, kuni riis on täielikult küpsenud.
g) Serveeri kuumalt.

32. Faasani- ja köögiviljapaella

KOOSTISOSAD:
- 2 tassi Arborio riisi
- 1 nael kondita ja kuubikuteks lõigatud faasaniliha
- 1 sibul, peeneks hakitud
- 3 küüslauguküünt, hakitud
- 1 kollane paprika, tükeldatud
- 1 tass rohelisi ube, kärbitud ja poolitatud
- 4 tassi kana- või ulukipuljongit
- 1 tl tüümiani
- Näputäis safranilõngu
- Sool ja pipar maitse järgi
- 1/4 tassi oliiviõli

JUHISED:
a) Kuumuta paellapannil keskmisel kuumusel oliiviõli. Lisa hakitud sibul ja küüslauk; hauta pehmeks.
b) Lisa kuubikuteks lõigatud faasaniliha ja küpseta pruuniks.
c) Sega hulka Arborio riis, määri see õliga ja sega faasaniga.
d) Lisa kuubikuteks lõigatud kollane paprika ja poolitatud rohelised oad. Vala sisse kana- või ulukipuljong.
e) Maitsesta tüümiani, safranilõngade, soola ja pipraga.
f) Keeda, kuni riis on peaaegu valmis. Kata pann kaanega ja lase podiseda, kuni riis on täielikult küpsenud.
g) Serveeri kuumalt.

33. Põdra ja spargli Paella

KOOSTISOSAD:
- 2 tassi lühiteralist riisi
- 1 kilo põdraliha, õhukesteks viiludeks
- 1 sibul, peeneks hakitud
- 3 küüslauguküünt, hakitud
- 1 punane paprika, viilutatud
- 1 tass sparglit, kärbitud ja tükkideks lõigatud
- 4 tassi ulukiliha või veiseliha puljongit
- 1 tl suitsupaprikat
- Näputäis safranilõngu
- Sool ja pipar maitse järgi
- 1/4 tassi oliiviõli

JUHISED:
a) Kuumuta paellapannil keskmisel kuumusel oliiviõli. Lisa hakitud sibul ja küüslauk; hauta pehmeks.
b) Lisa viilutatud põdraliha ja küpseta pruuniks.
c) Sega juurde lühiteraline riis, määri see õliga ja sega põdraga.
d) Lisa viilutatud punane paprika ja spargel. Vala sisse uluki- või veiselihapuljong.
e) Maitsesta suitsupaprika, safranilõngade, soola ja pipraga.
f) Keeda, kuni riis on peaaegu valmis. Kata pann kaanega ja lase podiseda, kuni riis on täielikult küpsenud.
g) Serveeri kuumalt.

34. Piisoni- ja köögiviljapaella

KOOSTISOSAD:
- 2 tassi Bomba riisi
- 1 nael piisoniliha, tükeldatud
- 1 sibul, peeneks hakitud
- 3 küüslauguküünt, hakitud
- 1 kollane paprika, tükeldatud
- 1 suvikõrvits, viilutatud
- 4 tassi piisoni- või veiselihapuljongit
- 1 tl paprikat
- Näputäis safranilõngu
- Sool ja pipar maitse järgi
- 1/4 tassi oliiviõli

JUHISED:
a) Kuumuta paellapannil keskmisel kuumusel oliiviõli. Lisa hakitud sibul ja küüslauk; hauta pehmeks.
b) Lisa tükeldatud piisoniliha ja küpseta pruuniks.
c) Sega juurde Bomba riis, määri see õliga ja sega piisoniga.
d) Lisa kuubikuteks lõigatud kollane paprika ja viilutatud suvikõrvits. Vala sisse piisoni- või veisepuljong.
e) Maitsesta paprika, safranilõngade, soola ja pipraga.
f) Keeda, kuni riis on peaaegu valmis. Kata pann kaanega ja lase podiseda, kuni riis on täielikult küpsenud.
g) Serveeri kuumalt.

35. Metsparti ja kastanipaella

KOOSTISOSAD:
- 2 tassi Calasparra riisi
- 1 kilo metspardi rinnatükke, õhukeselt viilutatud
- 1 sibul, peeneks hakitud
- 3 küüslauguküünt, hakitud
- 1 tass kastaneid, kooritud ja viilutatud
- 1 punane paprika, tükeldatud
- 4 tassi uluki- või kanapuljongit
- 1 tl tüümiani
- Näputäis safranilõngu
- Sool ja pipar maitse järgi
- 1/4 tassi oliiviõli

JUHISED:
a) Kuumuta paellapannil keskmisel kuumusel oliiviõli. Lisa hakitud sibul ja küüslauk; hauta pehmeks.
b) Lisa viilutatud metspardi rinnad ja küpseta pruuniks.
c) Sega juurde Calasparra riis, määri see õliga ja sega pardiga.
d) Lisa viilutatud kastanid ja kuubikuteks lõigatud punane paprika. Vala sisse uluki- või kanapuljong.
e) Maitsesta tüümiani, safranilõngade, soola ja pipraga.
f) Keeda, kuni riis on peaaegu valmis. Kata pann kaanega ja lase podiseda, kuni riis on täielikult küpsenud.
g) Serveeri kuumalt.

36. Paella vutt ja squash

KOOSTISOSAD:
- 2 tassi Bomba riisi
- 1 nael vutt, poolitatud
- 1 sibul, peeneks hakitud
- 3 küüslauguküünt, hakitud
- 1 tass kõrvitsat, tükeldatud
- 1 kollane paprika, viilutatud
- 4 tassi uluki- või kanapuljongit
- 1 tl suitsupaprikat
- Näputäis safranilõngu
- Sool ja pipar maitse järgi
- 1/4 tassi oliiviõli

JUHISED:
a) Kuumuta paellapannil keskmisel kuumusel oliiviõli. Lisa hakitud sibul ja küüslauk; hauta pehmeks.
b) Lisa vutipoolikud ja küpseta igast küljest pruuniks.
c) Sega juurde Bomba riis, määri see õliga ja sega vutiga.
d) Lisa kuubikuteks lõigatud kõrvits ja viilutatud kollane paprika. Vala sisse uluki- või kanapuljong.
e) Maitsesta suitsupaprika, safranilõngade, soola ja pipraga.
f) Keeda, kuni riis on peaaegu valmis. Kata pann kaanega ja lase podiseda, kuni riis on täielikult küpsenud.
g) Serveeri kuumalt.

37. Metsik kalkun ja jõhvikapaella

KOOSTISOSAD:
- 2 tassi Arborio riisi
- 1 nael metskalkunit, tükeldatud
- 1 sibul, peeneks hakitud
- 3 küüslauguküünt, hakitud
- 1 tass jõhvikaid, värskeid või kuivatatud
- 1 roheline paprika, tükeldatud
- 4 tassi uluki- või kalkunipuljongit
- 1 tl tüümiani
- Näputäis safranilõngu
- Sool ja pipar maitse järgi
- 1/4 tassi oliiviõli

JUHISED:
a) Kuumuta paellapannil keskmisel kuumusel oliiviõli. Lisa hakitud sibul ja küüslauk; hauta pehmeks.
b) Lisa kuubikuteks lõigatud metskalkun ja küpseta pruuniks.
c) Sega hulka Arborio riis, määri see õliga ja sega kalkuniga.
d) Lisa jõhvikad ja kuubikuteks lõigatud roheline paprika. Vala sisse uluki- või kalkunipuljong.
e) Maitsesta tüümiani, safranilõngade, soola ja pipraga.
f) Keeda, kuni riis on peaaegu valmis. Kata pann kaanega ja lase podiseda, kuni riis on täielikult küpsenud.
g) Serveeri kuumalt.

38. Piison ja maisi paella

KOOSTISOSAD:
- 2 tassi lühiteralist riisi
- 1 nael piisoniliha, õhukesteks viiludeks
- 1 sibul, peeneks hakitud
- 3 küüslauguküünt, hakitud
- 1 tass maisiterad
- 1 punane paprika, tükeldatud
- 4 tassi piisoni- või veiselihapuljongit
- 1 tl paprikat
- Näputäis safranilõngu
- Sool ja pipar maitse järgi
- 1/4 tassi oliiviõli

JUHISED:
a) Kuumuta paellapannil keskmisel kuumusel oliiviõli. Lisa hakitud sibul ja küüslauk; hauta pehmeks.
b) Lisa viilutatud piisoniliha ja küpseta pruuniks.
c) Sega juurde lühiteraline riis, määri see õliga ja sega piisoniga.
d) Lisa maisiterad ja kuubikuteks lõigatud punane paprika. Vala sisse piisoni- või veisepuljong.
e) Maitsesta paprika, safranilõngade, soola ja pipraga.
f) Keeda, kuni riis on peaaegu valmis. Kata pann kaanega ja lase podiseda, kuni riis on täielikult küpsenud.
g) Serveeri kuumalt.

39. Küüliku ja kirsi paella

KOOSTISOSAD:
- 2 tassi Valencia riisi
- 1 kilo tükkideks lõigatud küülikuliha
- 1 sibul, peeneks hakitud
- 3 küüslauguküünt, hakitud
- 1 klaas kirsse, kivideta ja poolitatud
- 1 kollane paprika, viilutatud
- 4 tassi uluki- või kanapuljongit
- 1 tl suitsupaprikat
- Näputäis safranilõngu
- Sool ja pipar maitse järgi
- 1/4 tassi oliiviõli

JUHISED:
a) Kuumuta paellapannil keskmisel kuumusel oliiviõli. Lisa hakitud sibul ja küüslauk; hauta pehmeks.
b) Lisa küülikutükid ja küpseta igast küljest pruuniks.
c) Sega hulka Valencia riis, määri see õliga ja sega küülikuga.
d) Lisa poolitatud kirsid ja viilutatud kollane paprika. Vala sisse uluki- või kanapuljong.
e) Maitsesta suitsupaprika, safranilõngade, soola ja pipraga.
f) Keeda, kuni riis on peaaegu valmis. Kata pann kaanega ja lase podiseda, kuni riis on täielikult küpsenud.
g) Serveeri kuumalt.

40. Vuti- ja seenepaella

KOOSTISOSAD:
- 2 tassi Calasparra riisi
- 1 nael vutt, poolitatud
- 1 sibul, peeneks hakitud
- 3 küüslauguküünt, hakitud
- 1 tass segatud seeni, viilutatud
- 1 kollane paprika, tükeldatud
- 4 tassi kanapuljongit
- 1 tl tüümiani
- Näputäis safranilõngu
- Sool ja pipar maitse järgi
- 1/4 tassi oliiviõli

JUHISED:
a) Kuumuta paellapannil keskmisel kuumusel oliiviõli. Lisa hakitud sibul ja küüslauk; hauta pehmeks.
b) Lisa vutipoolikud ja küpseta igast küljest pruuniks.
c) Sega juurde Calasparra riis, määri see õliga ja sega vutiga.
d) Lisa viilutatud segaseened ja tükeldatud kollane paprika. Vala sisse kanapuljong.
e) Maitsesta tüümiani, safranilõngade, soola ja pipraga.
f) Keeda, kuni riis on peaaegu valmis. Kata pann kaanega ja lase podiseda, kuni riis on täielikult küpsenud.
g) Serveeri kuumalt.

41. Küüliku- ja köögiviljapaella

KOOSTISOSAD:
- 2 tassi Bomba riisi
- 1 kilo tükkideks lõigatud küülikuliha
- 1 sibul, peeneks hakitud
- 3 küüslauguküünt, hakitud
- 1 roheline paprika, tükeldatud
- 1 tass artišokisüdameid, neljaks lõigatud
- 4 tassi kanapuljongit
- 1 tl suitsupaprikat
- Näputäis safranilõngu
- Sool ja pipar maitse järgi
- 1/4 tassi oliiviõli

JUHISED:
a) Kuumuta paellapannil keskmisel kuumusel oliiviõli. Lisa hakitud sibul ja küüslauk; hauta pehmeks.
b) Lisa küülikutükid ja küpseta igast küljest pruuniks.
c) Sega juurde Bomba riis, määri see õliga ja sega küülikuga.
d) Lisa kuubikuteks lõigatud roheline paprika ja neljaks lõigatud artišokisüdamed. Vala sisse kanapuljong.
e) Maitsesta suitsupaprika, safranilõngade, soola ja pipraga.
f) Keeda, kuni riis on peaaegu valmis. Kata pann kaanega ja lase podiseda, kuni riis on täielikult küpsenud.
g) Serveeri kuumalt.

42. Kana, jänes ja chorizo Paella

KOOSTISOSAD:
- 2 tassi Bomba riisi
- 4 tassi kanapuljongit
- 1 nael kanakintsud, kondiga ja nahaga
- 1 nael küülik, lõigatud tükkideks
- ½ naela chorizo vorsti, viilutatud
- 1 sibul, peeneks hakitud
- 3 küüslauguküünt, hakitud
- 1 punane paprika, viilutatud
- 1 tomat, riivitud
- 1 tl suitsupaprikat
- ½ tl safrani niidid
- Sool ja pipar maitse järgi
- Oliiviõli toiduvalmistamiseks
- Kaunistuseks värske petersell
- Serveerimiseks sidruniviilud

JUHISED:
a) Sega väikeses kausis safranniidid paari supilusikatäie sooja veega. Lase järsult tõmmata.
b) Maitsesta kanakintsud ja küülikutükid soola ja pipraga. Kuumuta suurel paellapannil oliiviõli keskmisel-kõrgel kuumusel. Pruunista kana ja küülik igast küljest.
c) Lisa chorizo viilud ja prae, kuni need vabastavad õli.
d) Segage sibul, küüslauk ja punane paprika. Küpseta, kuni köögiviljad on pehmenenud.
e) Lisa riivitud tomat, suitsupaprika ja safranisegu. Küpseta paar minutit.
f) Laota riis ühtlaselt pannile ja vala peale kanapuljong.
g) Lase segamata podiseda, kuni riis on küpsenud ja vedelik imendunud.
h) Kaunista värske peterselliga ja serveeri sidruniviiludega.

PASTA PAELLA

43. Paella Primavera

KOOSTISOSAD:
- 2 ½ teelusikatäit oliiviõli
- 1 tass hakitud punast paprikat
- 1 tass õhukeselt viilutatud rohelist sibulat
- 3 tassi madala naatriumisisaldusega köögiviljapuljongit
- 1 supilusikatäis hakitud küüslauku (3 küünt)
- 1 tl purustatud safrani niite
- 1 tass lühiteralist valget riisi, näiteks Valencia
- 3 tassi brokkoli õisikuid
- 1 tass värskeid või külmutatud beebiherneid
- 1 tass poolitatud viinamarja- või kirsstomateid
- 12 poolitatud kivideta rohelist oliivi
- 12 poolitatud kivideta musta oliivi (valikuline)
- Sidruni viilud
- ¼ tassi hakitud värsket peterselli

JUHISED:
a) Kuumuta oliiviõli suurel mittenakkuval pannil keskmisel kuumusel. Lisage paprika ja roheline sibul ning küpseta 5 minutit.
b) Sega juurde köögiviljapuljong, küüslauk ja safran ning kuumuta seejärel keemiseni.
c) Puista riis koostisosadele, alanda kuumust keskmisele madalale ja hauta kaane all 10 minutit.
d) Puista brokoli, herned, tomatid ja oliivid riisile. Katke pann ja küpseta paellat 8 minutit või kuni riis on pehme.
e) Eemaldage kuumusest ja laske kaane all 5 minutit puhata. Maitsesta soovi korral soola ja pipraga.
f) Serveerimiseks kühveldage paella kuue kaussi ja kaunistage igaüks sidruniviilude ja peterselliga.

44. Pasta Paella karpide ja vürtsika vorstiga

KOOSTISOSAD:
- 1 keskmine suvikõrvits
- 4 ploomtomatit
- 1 keskmine sibul
- 2 küüslauguküünt
- 2 spl oliiviõli
- 6 untsi Fideos (Hispaania kuivatatud rullis vermišelli spagetid, mis on purustatud 2-tollisteks tükkideks) või õhukesed nuudlid (6 untsi)
- ¼ naela kuumad Itaalia vorstilinkid
- 1 ¼ tassi vett
- ¾ tassi kuiva valget veini
- 12 väikest kõva koorega merekarpi, nagu näiteks väikesed kaelad (pikkusega alla 2 tolli)
- 1 spl hakitud värskeid peterselli lehti

JUHISED:
a) Lõika suvikõrvits ja tomatid ½-tollisteks tükkideks, hoides köögiviljad eraldi. Haki sibul ja haki küüslauk.
b) Kuumuta oliiviõli tugevas veekeetjas mõõdukalt kõrgel kuumusel, kuni see on kuum, kuid ei suitse. Prae keetmata pastat, aeg-ajalt keerates, kuni see on kuldne, umbes 2 minutit. Kasutage pasta kaussi viimiseks lõhikuga lusikat.
c) Hauta samas veekeetjas ülejäänud õliga suvikõrvitsat maitse järgi soolaga, aeg-ajalt segades, kuni see on pruunistunud, umbes 3 minutit. Tõsta suvikõrvits teise kaussi.
d) Pigista vorst soolestikust veekeetjasse ning lisa hakitud sibul ja hakitud küüslauk. Prae segu segades ja vorsti tükeldades, kuni see on pruunistunud, umbes 5 minutit.
e) Lisa veekeetjasse tükeldatud tomatid, vesi ja valge vein ning aja segu keema.
f) Lisa praetud pasta ja karbid. Keeda kaaneta, aeg-ajalt segades, umbes 8 minutit või kuni karbid on avatud ja pasta on al dente. Visake ära kõik avamata karbid.
g) Sega hulka praetud suvikõrvits ja hakitud petersell ning kuumuta, kuni see on läbi kuumenenud.

45. Hispaania nuudlipaella (Fideuà)

KOOSTISOSAD:
- 10 untsi Paks spagetid või bucatini
- 2 supilusikatäit oliiviõli
- 1 keskmine sibul, peeneks hakitud
- 2 küüslauguküünt, hakitud
- 3 suurt küpset tomatit, kooritud, seemnetest puhastatud ja peeneks hakitud
- 1 tl Magusat paprikat
- 12 väikest merekarpi või rannakarpi külma vee all nühkituna
- 6 untsi Krevetid, kooritud ja tükeldatud
- 6 untsi kammkarbid (suured lõigatud neljandikku; väikesed pooleks lõigatud või terveks jäetud)
- 8 untsi merikuradi või muud tugevat valget kala, lõigatud diagonaalis ½-tollisteks viiludeks (reguleerige kogust vastavalt vajadusele)
- 3 tassi kala- või kanapuljongit, villitud merekarbi puljongit või vastavalt vajadusele
- ¼ tl safrani niidid, leotatud 1 spl soojas vees
- Sool ja värskelt jahvatatud must pipar, maitse järgi
- 2 spl hakitud värsket peterselli kaunistuseks

JUHISED:
a) Murdke paksud spagetid või bucatini 1-tollisteks tükkideks, hoides korraga paar kiudu, ja asetage need kõrvale.
b) Kuumuta oliiviõli paellapannil või suurel pannil. Lisa peeneks hakitud sibul ja hakitud küüslauk ning küpseta keskmisel kuumusel, kuni need muutuvad pehmeks ja poolläbipaistvaks, kuid mitte pruuniks, umbes 4 minutit.
c) Sega hulka kooritud, seemnetest puhastatud ja peeneks hakitud tomatid ning magus paprika. Küpseta, kuni kogu vedelik tomatitest on aurustunud, selleks peaks kuluma umbes 5 minutit.
d) Lisage karbid, krevetid, kammkarbid ja merikuradid ning pruunistage 1 minut. Seejärel lisage 2–½ tassi kalapuljongit ja soojas vees leotatud safran. Lase keema tõusta.
e) Sega juurde katkised pastad ja pane uuesti keema. Alandage kuumust ja hautage vaikselt, kuni pasta on keedetud, mis võtab umbes 15–20 minutit. Sega aeg-ajalt.
f) Kui segu kuivab liiga palju enne pasta täielikku valmimist, lisa ülejäänud puljong. Maitsesta soola ja pipraga maitse järgi.
g) Puista roog hakitud värske peterselliga ja serveeri kohe.

46. Paella stiilis karpide pasta

KOOSTISOSAD:
- 2 tassi kanapuljongit
- ¾ tassi kuiva valget veini
- ½ tl purustatud safrani niite
- 3 supilusikatäit oliiviõli
- 6 untsi Fideosid (õhukesed Hispaania nuudlid rullides) või õhukesed spagetid, jaotatud 2-tollisteks tükkideks
- 6 suurt krevetti (16–20 naela kohta), kooritud
- 6 suurt merikammkarpi
- 6 Uus-Meremaa kukeseent või Manila karbid, nühitud
- ½ (9 untsi) pakend külmutatud artišokisüdameid, sulatatud
- 1 tl hakitud värsket murulauku

JUHISED:
a) Kuumuta ahi temperatuurini 400 °F (200 °C).
b) Kuumuta potis kanapuljong ja valge vein keema, seejärel sega juurde safran. Hoidke segu tasasel tulel.
c) Kuumutage oliiviõli tugevas ahjukindlas pannil, mille põhja laius on 8 tolli, mõõdukalt kõrgel kuumusel, kuni see on kuum, kuid mitte suitsev. Prae keetmata pasta segades umbes 2 minutit, kuni see on kuldne.
d) Vala keev puljongi segu pastale ja hauta 5 minutit.
e) Asetage karpide ja artišoki südamed pasta sisse ja küpsetage ilma kaaneta ahju keskosas, kuni vedelik on muutunud siirupiseks glasuuriks (pasta peaks olema pehme, kuid pealt krõbe), umbes 20 minutit.
f) Puista pasta peale hakitud murulauku.

47. Kana ja Chorizo pasta Paella

KOOSTISOSAD:
- 8 untsi penne pasta
- 1 nael kanarind, tükeldatud
- ½ naela chorizo, viilutatud
- 1 sibul, peeneks hakitud
- 2 küüslauguküünt, hakitud
- 1 punane paprika, tükeldatud
- 1 tl suitsupaprikat
- ½ tl safrani niidid (valikuline)
- 2 tassi kanapuljongit
- Sool ja pipar maitse järgi
- Oliiviõli toiduvalmistamiseks
- Kaunistuseks värske petersell

JUHISED:
a) Keeda penne pasta vastavalt pakendi juhistele. Nõruta ja tõsta kõrvale.
b) Kuumuta suurel pannil keskmisel kuumusel oliiviõli. Lisa kuubikuteks lõigatud kana ja chorizo. Küpseta pruuniks.
c) Lisa sibul, küüslauk ja paprika. Prae, kuni köögiviljad on pehmed.
d) Sega juurde suitsupaprika ja safrani niidid (kui kasutad).
e) Vala kanapuljong ja lase paar minutit podiseda.
f) Lisage pannile keedetud pasta ja segage, kuni see on hästi kaetud.
g) Maitsesta soola ja pipraga maitse järgi. Enne serveerimist kaunista värske peterselliga.

48. Köögivilja-seenepasta Paella

KOOSTISOSAD:
- 8 untsi fettuccine'i või teie lemmikpastat
- 1 tass seened, viilutatud
- 1 suvikõrvits, tükeldatud
- 1 punane paprika, tükeldatud
- 1 sibul, peeneks hakitud
- 2 küüslauguküünt, hakitud
- 1 tl suitsupaprikat
- ½ tl safrani niidid (valikuline)
- 2 tassi köögiviljapuljongit
- Sool ja pipar maitse järgi
- Oliiviõli toiduvalmistamiseks
- Kaunistuseks värske petersell

JUHISED:
a) Küpseta fettuccine'i vastavalt pakendi juhistele. Nõruta ja tõsta kõrvale.
b) Kuumuta suurel pannil keskmisel kuumusel oliiviõli. Lisa sibul, küüslauk, seened, suvikõrvits ja paprika. Prae, kuni köögiviljad on pehmed.
c) Sega juurde suitsupaprika ja safrani niidid (kui kasutad).
d) Vala sisse köögiviljapuljong ja lase paar minutit podiseda.
e) Lisage keedetud pasta pannile ja segage, kuni see on hästi segunenud.
f) Maitsesta soola ja pipraga maitse järgi. Enne serveerimist kaunista värske peterselliga.

49. Krevetid ja Chorizo Orzo Paella

KOOSTISOSAD:
- 8 untsi orzo pasta
- 1 nael suurt krevetti, kooritud ja tükeldatuna
- ½ naela chorizo, viilutatud
- 1 sibul, peeneks hakitud
- 2 küüslauguküünt, hakitud
- 1 punane paprika, tükeldatud
- 1 tl suitsupaprikat
- ½ tl safrani niidid (valikuline)
- 2 tassi kanapuljongit
- Sool ja pipar maitse järgi
- Oliiviõli toiduvalmistamiseks
- Kaunistuseks värske petersell

JUHISED:
a) Keeda orzo pasta vastavalt pakendi juhistele. Nõruta ja tõsta kõrvale.
b) Kuumuta suurel pannil keskmisel kuumusel oliiviõli. Lisa chorizo ja küpseta pruuniks.
c) Lisa sibul, küüslauk ja paprika. Prae, kuni köögiviljad on pehmed.
d) Sega juurde suitsupaprika ja safrani niidid (kui kasutad).
e) Lisa pannile krevetid ja küpseta, kuni need muutuvad roosaks.
f) Vala kanapuljong ja lase paar minutit podiseda.
g) Lisage keedetud orzo pasta ja segage, kuni see on hästi kaetud. Maitsesta soola ja pipraga.
h) Enne serveerimist kaunista värske peterselliga.

50. Kana ja roheliste ubade pasta Paella

KOOSTISOSAD:
- 8 untsi linguine või Conchiglie
- 1 nael kondita, nahata kana reied, tükeldatud
- 1 sibul, peeneks hakitud
- 2 küüslauguküünt, hakitud
- 1 tass kirsstomateid, poolitatud
- 1 tass rohelisi ube, tükeldatud
- ½ tl safrani niidid
- 2 tassi kanapuljongit
- Sool ja pipar maitse järgi
- Oliiviõli toiduvalmistamiseks
- Kaunistuseks värske basiilik

JUHISED:
a) Küpseta linguine vastavalt pakendi juhistele. Nõruta ja tõsta kõrvale.
b) Kuumuta suurel pannil keskmisel kuumusel oliiviõli. Lisa sibul ja küüslauk. Prae pehmeks.
c) Lisa kuubikuteks lõigatud kana ja küpseta pruuniks.
d) Sega juurde kirsstomatid ja rohelised oad.
e) Lisa kanapuljongile safranilõngad ja vala segu pannile. Hauta paar minutit.
f) Lisage keedetud linguine ja segage, kuni see on hästi segunenud. Maitsesta soola ja pipraga.
g) Enne serveerimist kaunista värske basiilikuga.

51. Penne Paella spinati ja artišokiga

KOOSTISOSAD:
- 8 untsi penne pasta
- 1 purk artišokisüdamed, nõrutatud ja tükeldatud
- 2 tassi värsket spinatit
- 1 sibul, peeneks hakitud
- 2 küüslauguküünt, hakitud
- 1 punane paprika, tükeldatud
- 1 tl suitsupaprikat
- ½ tl safrani niidid (valikuline)
- 2 tassi köögiviljapuljongit
- Sool ja pipar maitse järgi
- Oliiviõli toiduvalmistamiseks
- Kaunistuseks riivitud Parmesani juust

JUHISED:
a) Keeda penne pasta vastavalt pakendi juhistele. Nõruta ja tõsta kõrvale.
b) Kuumuta suurel pannil keskmisel kuumusel oliiviõli. Lisa sibul, küüslauk ja paprika. Prae, kuni köögiviljad on pehmed.
c) Sega juurde suitsupaprika ja safrani niidid (kui kasutad).
d) Lisa pannile artišokisüdamed ja värske spinat. Küpseta, kuni spinat on närbunud.
e) Vala sisse köögiviljapuljong ja lase paar minutit podiseda.
f) Lisage keedetud penne pasta ja segage, kuni see on hästi kaetud. Maitsesta soola ja pipraga.
g) Enne serveerimist kaunista riivitud parmesani juustuga.

52. Köögiviljapaella Orzoga

KOOSTISOSAD:
- 1 tass orzo pasta
- 1 sibul, peeneks hakitud
- 3 küüslauguküünt, hakitud
- 1 suvikõrvits, tükeldatud
- 1 punane paprika, viilutatud
- 1 tass kirsstomateid, poolitatud
- 4 tassi köögiviljapuljongit
- 1 tl suitsupaprikat
- Näputäis safranilõngu
- Sool ja pipar maitse järgi
- 1/4 tassi oliiviõli

JUHISED:
a) Kuumuta paellapannil keskmisel kuumusel oliiviõli. Lisa hakitud sibul ja küüslauk; hauta pehmeks.
b) Lisa orzo pasta ja küpseta kergelt röstitud.
c) Sega hulka tükeldatud suvikõrvits, viilutatud punane paprika ja poolitatud kirsstomatid.
d) Vala sisse köögiviljapuljong ja safrani niidid. Maitsesta suitsupaprika, soola ja pipraga.
e) Küpseta, kuni orzo on pehme ning juurviljade ja puljongi maitsed endasse imanud.
f) Kata pann kaanega ja lase enne serveerimist paar minutit seista.

53. Vorst ja seene Orzo Paella

KOOSTISOSAD:
- 1 tass orzo pasta
- 1/2 naela Itaalia vorsti, kest eemaldatud ja murenenud
- 1 sibul, peeneks hakitud
- 3 küüslauguküünt, hakitud
- 1 tass seened, viilutatud
- 1 punane paprika, tükeldatud
- 4 tassi kana- või köögiviljapuljongit
- 1 tl kuivatatud tüümiani
- Sool ja pipar maitse järgi
- 1/4 tassi oliiviõli

JUHISED:
a) Kuumuta paellapannil keskmisel kuumusel oliiviõli. Lisa hakitud sibul ja küüslauk; hauta pehmeks.
b) Lisa purustatud Itaalia vorst ja küpseta pruuniks.
c) Sega juurde orzo pasta, määri see õliga ja sega vorstiga.
d) Lisa viilutatud seened ja kuubikuteks lõigatud punane paprika. Vala sisse kana- või köögiviljapuljong.
e) Maitsesta kuivatatud tüümiani, soola ja pipraga.
f) Küpseta, kuni orzo on pehme ning vorsti ja köögiviljade maitsed endasse imenud.
g) Kata pann kaanega ja lase enne serveerimist paar minutit seista.

54. Krevetid ja spargel Orzo Paella

KOOSTISOSAD:
- 1 tass orzo pasta
- 1/2 naela krevetid, kooritud ja tükeldatud
- 1 sibul, peeneks hakitud
- 3 küüslauguküünt, hakitud
- 1 hunnik sparglit, kärbitud ja tükkideks lõigatud
- 1 tass kirsstomateid, poolitatud
- 4 tassi kana- või köögiviljapuljongit
- 1 tl sidrunikoort
- Sool ja pipar maitse järgi
- 1/4 tassi oliiviõli

JUHISED:
a) Kuumuta paellapannil keskmisel kuumusel oliiviõli. Lisa hakitud sibul ja küüslauk; hauta pehmeks.
b) Lisa orzo pasta ja küpseta kergelt röstitud.
c) Sega hulka krevetid, poolitatud kirsstomatid ja sparglitükid.
d) Vala sisse kana- või köögiviljapuljong. Maitsesta sidrunikoore, soola ja pipraga.
e) Küpseta, kuni orzo on pehme ja krevetid on läbi küpsenud.
f) Kata pann kaanega ja lase enne serveerimist paar minutit seista.

LIHA PAELLA

55. Paella roheliste tomatite ja peekoniga

KOOSTISOSAD:

- 6 untsi peekonit, lõigatud ¼-tollisteks ribadeks
- 1 tass hakitud sibulat
- 1 tass rohelist pipart, lõigatud ½-tollisteks kuubikuteks
- 2 küüslauguküünt, kooritud, hakitud ja purustatud
- 1 jalapeno pipar, seemnetest puhastatud ja hakitud
- 2 tassi pikateralist riisi (keetmata)
- 2 tassi südamikuga puhastatud ja jämedalt hakitud rohelisi tomateid
- 4 tassi kanapuljongit
- 1 tl soola
- ¼ tl värskelt jahvatatud pipart
- 1 spl hakitud koriandrit
- 1 spl hakitud Itaalia peterselli

JUHISED:

a) Krosta peekon suurel paksupõhjalisel pannil või paellapannil, kuni see on pruun ja rasvast vabanenud. Visake ära kõik rasv, välja arvatud 3 supilusikatäit.

b) Sega juurde hakitud sibul, roheline pipar, küüslauk ja jalapeno. Küpseta 7–8 minutit keskmisel kuumusel, kuni köögiviljad on närbunud.

c) Sega juurde riis ja küpseta 1 minut kauem.

d) Lisa rohelised tomatid, kanapuljong, sool ja pipar. Kuumuta segu keemiseni.

e) Kata pann kaanega, keera kuumus väga madalaks ja küpseta umbes 20 minutit või kuni riis on kogu vedeliku endasse imanud.

f) Puhastage paella kahvliga ja segage juurde hakitud koriander ja Itaalia petersell.

g) Kata ja lase enne serveerimist 5 minutit seista.

56. Peekon ja Kimchi Paella kanaga

KOOSTISOSAD:
- 1 tass Arborio riisi (või paella jaoks sobivat lühiteralist riisi)
- 2 kondita, nahata kanarinda, lõigatud suupärasteks tükkideks
- 4-6 viilu peekonit, tükeldatud
- 1 tass kimchit, tükeldatud
- 1 sibul, peeneks hakitud
- 2 küüslauguküünt, hakitud
- 1 punane paprika, viilutatud
- 1 tass külmutatud herneid
- 1 tl paprikat
- ½ tl suitsupaprikat (valikuline)
- ¼ tl safrani niidid (valikuline)
- 2 tassi kanapuljongit
- ½ tassi valget veini
- Sool ja must pipar maitse järgi
- 2 spl oliiviõli
- Kaunistuseks hakitud värsket peterselli

JUHISED:

a) Alustuseks leotage safrani niidid 2 spl soojas vees ja pange see kõrvale. See aitab vabastada selle maitse ja värvi.
b) Kuumuta suurel lamedapõhjalisel pannil või paellapannil oliiviõli keskmisel-kõrgel kuumusel. Lisa tükeldatud peekon ja küpseta, kuni see muutub krõbedaks. Eemalda peekon pannilt ja tõsta kõrvale, jättes peekonirasva pannile.
c) Maitsesta kanatükid soola, musta pipra ja paprikaga. Lisa kana samale pannile ja küpseta, kuni see on pruunistunud ja läbi küpsenud. Eemaldage kana pannilt ja asetage see kõrvale.
d) Lisa samale pannile hakitud sibul, küüslauk ja viilutatud punane paprika. Prae neid, kuni sibul muutub läbipaistvaks ja pipar pehmeneb.
e) Lisa pannile Arborio riis ja sega seda paar minutit, et riis kergelt röstiks.
f) Vala juurde valge vein ja küpseta, kuni riis on enamjaolt imendunud.
g) Lisa pannile tükeldatud kimchi ja keedetud peekon ning sega kõik läbi.
h) Lisage safranilõngad koos leotusvedelikuga, suitsutatud paprika (kui kasutate) ja 1 tass kanapuljongit. Sega põhjalikult.
i) Jätkake paella küpsetamist keskmisel kuumusel, lisades vajadusel veel kanapuljongit ja aeg-ajalt segades. Riis peaks imama vedeliku endasse ja muutuma kreemjaks, säilitades samas kerge hambumuse (al dente). Selleks peaks kuluma umbes 15-20 minutit.
j) Küpsetamise viimastel minutitel lisa pannile tagasi külmutatud herned ja keedetud kana. Sega, kuni herned on läbi kuumenenud.
k) Maitse paellat ja maitsesta vastavalt vajadusele soola ja musta pipraga.
l) Kui riis on täielikult keedetud ja vedelik on enamasti imendunud, eemaldage paella tulelt ja laske sellel enne serveerimist mõni minut seista.
m) Kaunista hakitud värske peterselliga ja serveeri oma peekoni ja Kimchi paellat kanaga kuumalt.

57. Veiseliha ja mereandide paella

KOOSTISOSAD:
- 2 tassi paella riisi
- 4 tassi veiselihapuljongit
- 1 nael veise välisfilee, õhukeselt viilutatud
- ½ naela krevetid, kooritud ja tükeldatud
- ½ naela rannakarbid, puhastatud
- 1 sibul, peeneks hakitud
- 3 küüslauguküünt, hakitud
- 1 punane paprika, viilutatud
- 1 tomat, tükeldatud
- 1 tl suitsupaprikat
- ½ tl safrani niidid
- Sool ja pipar maitse järgi
- Oliivõli toiduvalmistamiseks
- Kaunistuseks värske petersell
- Serveerimiseks sidruniviilud

JUHISED:
a) Sega väikeses kausis safranniidid paari supilusikatäie sooja veega. Lase järsult tõmmata.
b) Maitsesta veiselihaviilud soola ja pipraga. Kuumuta suurel paellapannil oliivõli keskmisel-kõrgel kuumusel. Prae veiseliha pruuniks.
c) Lisa sibul, küüslauk ja punane paprika. Küpseta, kuni köögiviljad on pehmenenud.
d) Sega juurde tükeldatud tomatid, suitsupaprika ja safranisegu. Küpseta paar minutit.
e) Laota riis ühtlaselt pannile ja vala sisse veisepuljong.
f) Lase segamata podiseda, kuni riis on küpsenud ja vedelik imendunud.
g) Asetage krevetid ja rannakarbid riisi peale ning küpseta, kuni mereannid on valmis.
h) Kaunista värske peterselliga ja serveeri sidruniviiludega.

58. Sealiha ja Chorizo Paella

KOOSTISOSAD:
- 2 tassi Arborio riisi
- 4 tassi kanapuljongit
- 1 kilo seafilee, lõigatud hammustuste suurusteks tükkideks
- ½ naela chorizo vorsti, viilutatud
- 1 sibul, peeneks hakitud
- 3 küüslauguküünt, hakitud
- 1 punane paprika, viilutatud
- 1 tomat, tükeldatud
- 1 tl suitsupaprikat
- ½ tl safrani niidid
- Sool ja pipar maitse järgi
- Oliiviõli toiduvalmistamiseks
- Kaunistuseks värske petersell
- Serveerimiseks sidruniviilud

JUHISED:

a) Sega väikeses kausis safranniidid paari supilusikatäie sooja veega. Lase järsult tõmmata.

b) Maitsesta sealihatükid soola ja pipraga. Kuumuta suurel paellapannil oliiviõli keskmisel-kõrgel kuumusel. Pruunista sealiha igast küljest.

c) Lisa chorizo viilud ja prae, kuni need vabastavad õli.

d) Segage sibul, küüslauk ja punane paprika. Küpseta, kuni köögiviljad on pehmenenud.

e) Lisa kuubikuteks lõigatud tomatid, suitsupaprika ja safranisegu. Küpseta paar minutit.

f) Laota Arborio riis ühtlaselt pannile ja vala peale kanapuljong.

g) Lase segamata podiseda, kuni riis on küpsenud ja vedelik imendunud.

h) Kaunista värske peterselliga ja serveeri sidruniviiludega.

59. Lambaliha ja köögiviljade paella

KOOSTISOSAD:
- 2 tassi lühiteralist riisi
- 4 tassi köögiviljapuljongit
- 1 nael lambaliha abatükid, tükeldatud
- 1 sibul, peeneks hakitud
- 3 küüslauguküünt, hakitud
- 1 suvikõrvits, viilutatud
- 1 punane paprika, tükeldatud
- 1 tass rohelisi ube, tükeldatud
- 1 tl suitsupaprikat
- ½ tl safrani niidid
- Sool ja pipar maitse järgi
- Oliiviõli toiduvalmistamiseks
- Kaunistuseks värske piparmünt
- Serveerimiseks sidruniviilud

JUHISED:

a) Sega väikeses kausis safranniidid paari supilusikatäie sooja veega. Lase järsult tõmmata.

b) Maitsesta lambaliha soola ja pipraga. Kuumuta suurel paellapannil oliiviõli keskmisel-kõrgel kuumusel. Pruunista lambaliha igast küljest.

c) Lisa sibul, küüslauk, punane paprika, suvikõrvits ja kirsstomatid. Prae, kuni köögiviljad on pehmed.

d) Sega juurde suitsupaprika ja safranisegu. Küpseta paar minutit.

e) Määri Arborio riis ühtlaselt pannile ja vala sisse lamba- või veisepuljong.

f) Lase segamata podiseda, kuni riis on küpsenud ja vedelik imendunud.

g) Kaunista värske piparmündiga ja serveeri sidruniviiludega.

60. Türgi ja mereannid Paella

KOOSTISOSAD:
- 2 tassi Valencia riisi
- 4 tassi kalkuni- või kanapuljongit
- 1 nael jahvatatud kalkun
- ½ naela kalmaari, puhastatud ja viilutatud
- ½ naela karbid
- 1 sibul, peeneks hakitud
- 3 küüslauguküünt, hakitud
- 1 punane paprika, viilutatud
- 1 tomat, tükeldatud
- 1 tl suitsupaprikat
- ½ tl safrani niidid
- Sool ja pipar maitse järgi
- Oliivõli toiduvalmistamiseks
- Kaunistuseks värske petersell
- Serveerimiseks sidruniviilud

JUHISED:
a) Sega väikeses kausis safranniidid paari supilusikatäie sooja veega. Lase järsult tõmmata.
b) Kuumuta suurel paellapannil oliivõli keskmisel-kõrgel kuumusel. Pruunista jahvatatud kalkuniliha.
c) Lisa sibul, küüslauk, punane paprika ja tomat. Prae, kuni köögiviljad on pehmenenud.
d) Sega juurde suitsupaprika ja safranisegu. Küpseta paar minutit.
e) Määri Valencia riis ühtlaselt pannile ja vala sisse kalkuni- või kanapuljong.
f) Lase segamata podiseda, kuni riis on küpsenud ja vedelik imendunud.
g) Asetage kalmaar ja karbid riisi peale ning küpseta, kuni mereannid on valmis.
h) Kaunista värske peterselliga ja serveeri sidruniviiludega.

61. Sealiha ja mereandide paella

KOOSTISOSAD:
- 2 tassi Calasparra riisi
- 1/2 naela sea sisefilee, tükkideks lõigatud
- 1/2 naela krevetid, kooritud ja tükeldatud
- 1/2 naela rannakarbid, puhastatud
- 1 sibul, peeneks hakitud
- 3 küüslauguküünt, hakitud
- 1 roheline paprika, viilutatud
- 1 tass kuubikuteks lõigatud tomateid
- 4 tassi kana- või sealihapuljongit
- 1 tl magusat paprikat
- Näputäis safranilõngu
- Sool ja pipar maitse järgi
- 1/4 tassi oliiviõli

JUHISED:
a) Kuumuta paellapannil keskmisel kuumusel oliiviõli. Lisa hakitud sibul ja küüslauk; hauta pehmeks.
b) Lisa sea sisefilee tükid ja küpseta pruuniks.
c) Sega juurde Calasparra riis, määri see õliga ja sega sealihaga.
d) Lisa kuubikuteks lõigatud roheline paprika ja tomatid. Vala sisse kana- või sealihapuljong.
e) Maitsesta paprika, safranilõngade, soola ja pipraga.
f) Asetage krevetid ja rannakarbid riisi peale ning küpseta, kuni riis on peaaegu valmis.
g) Kata pann kaanega ja lase podiseda, kuni riis on täielikult küpsenud.
h) Serveeri kuumalt.

62. Veiseliha ja seente paella

KOOSTISOSAD:
- 2 tassi Calasparra riisi
- 1 nael veise välisfilee, õhukeselt viilutatud
- 1 sibul, peeneks hakitud
- 3 küüslauguküünt, hakitud
- 1 tass segatud seeni, viilutatud
- 1 punane paprika, tükeldatud
- 4 tassi veise- või köögiviljapuljongit
- 1 tl suitsupaprikat
- Näputäis safranilõngu
- Sool ja pipar maitse järgi
- 1/4 tassi oliiviõli

JUHISED:
a) Kuumuta paellapannil keskmisel kuumusel oliiviõli. Lisa hakitud sibul ja küüslauk; hauta pehmeks.
b) Lisa õhukesteks viiludeks lõigatud veise välisfilee ja küpseta pruuniks.
c) Sega juurde Calasparra riis, määri see õliga ja sega veiselihaga.
d) Lisa viilutatud segaseened ja kuubikuteks lõigatud punane paprika. Vala sisse veise- või köögiviljapuljong.
e) Maitsesta suitsupaprika, safranilõngade, soola ja pipraga.
f) Keeda, kuni riis on peaaegu valmis. Kata pann kaanega ja lase podiseda, kuni riis on täielikult küpsenud.
g) Serveeri kuumalt.

63. Vasikaliha ja rohelise herne paella

KOOSTISOSAD:
- 2 tassi Calasparra riisi
- 1 kilo vasikaliha hautatud liha, lõigatud tükkideks
- 1 sibul, peeneks hakitud
- 3 küüslauguküünt, hakitud
- 1 tass rohelisi herneid
- 1 kollane paprika, tükeldatud
- 4 tassi veise- või vasikalihapuljongit
- 1 tl rosmariini
- Näputäis safranilõngu
- Sool ja pipar maitse järgi
- 1/4 tassi oliiviõli

JUHISED:
a) Kuumuta paellapannil keskmisel kuumusel oliiviõli. Lisa hakitud sibul ja küüslauk; hauta pehmeks.
b) Lisa vasikalihatükid ja küpseta pruuniks.
c) Sega juurde Calasparra riis, määri see õliga ja sega vasikalihaga.
d) Lisa rohelised herned ja kuubikuteks lõigatud kollane paprika. Vala sisse veise- või vasikalihapuljong.
e) Maitsesta rosmariini, safranilõngade, soola ja pipraga.
f) Keeda, kuni riis on peaaegu valmis. Kata pann kaanega ja lase podiseda, kuni riis on täielikult küpsenud.
g) Serveeri kuumalt.

64. Veiseliha ja brokkoli Paella

KOOSTISOSAD:
- 2 tassi Arborio riisi
- 1 nael veise välisfilee, õhukeselt viilutatud
- 1 sibul, peeneks hakitud
- 3 küüslauguküünt, hakitud
- 1 tass brokkoli õisikuid
- 1 punane paprika, tükeldatud
- 4 tassi veiselihapuljongit
- 1 tl sojakastet
- Näputäis safranilõngu
- Sool ja pipar maitse järgi
- 1/4 tassi oliiviõli

JUHISED:
a) Kuumuta paellapannil keskmisel kuumusel oliiviõli. Lisa hakitud sibul ja küüslauk; hauta pehmeks.
b) Lisa õhukesteks viiludeks lõigatud veise välisfilee ja küpseta pruuniks.
c) Sega hulka Arborio riis, määri see õliga ja sega veiselihaga.
d) Lisa brokoliõisikud ja kuubikuteks lõigatud punane paprika. Vala sisse veisepuljong.
e) Maitsesta sojakastme, safranilõngade, soola ja pipraga.
f) Keeda, kuni riis on peaaegu valmis. Kata pann kaanega ja lase podiseda, kuni riis on täielikult küpsenud.
g) Serveeri kuumalt.

TAIMNE PAELLA

65. Grillitud taimetoitlane paella

KOOSTISOSAD:
GRILLI TAIMEPAELLA KOHTA:
- Oliiviõli (küpsetamiseks)
- 4 tassi basmati riisi
- 5 suurt šalottsibulat, hakitud
- 1 spl hakitud küüslauku
- 1 spl hakitud ingverit (kuhjaga)
- Sool, maitse järgi
- Värskelt jahvatatud must pipar, maitse järgi
- ½ supilusikatäit kurkumit
- 6 tassi köögiviljapuljongit
- 4 tassi segatud grillitud köögivilju ½-tollisteks kuubikuteks (nt suvikõrvits, baklažaan, punane paprika, punane sibul, apteegitill, grillitud oliiviõli, soola ja pipraga)

BASIiLIKU-TOMATISLAVI KOHTA:
- 1 hunnik Tai basiilikut (umbes 2 tassi korjatud lehti)
- 3 pärandtomatit, julieneeritud (võimaluse korral erinevad tüübid ja värvid)
- 1 punane sibul, viilutatud
- 1 jalapeño, hakitud
- ¼ tassi balsamico äädikat
- 1 spl Hiina musta äädikat
- ¼ tassi ekstra neitsioliiviõli
- Sool, maitse järgi
- Värskelt jahvatatud must pipar, maitse järgi

JUHISED:
GRILLI TAIMEPAELLA KOHTA:
a) Kuumutage ahjukindlas pannil oliiviõli ja pruunistage Basmati riisi, hakitud šalottsibulat, küüslauku ja ingverit 4–6 minutit.
b) Maitsesta soola ja värskelt jahvatatud musta pipraga. Lisa kurkum ja sega veel 2 minutit.
c) Vala juurde köögiviljapuljong ja lisa omavahel segatud grillköögiviljad. Kontrolli maitsestamist.
d) Kata pann kaanega ja küpseta eelkuumutatud 350-kraadises Fahrenheiti (175 °C) ahjus 1 tund või kuni riis on puljongi täielikult imanud.
e) Puhastage paella kahvliga ja kontrollige maitsestust.

BASIiLIKU-TOMATISLAVI KOHTA:
f) Sega kausis kokku Tai basiilikulehed, juurviljadega tomatid, viilutatud punane sibul ja hakitud jalapeño.
g) Vahusta eraldi kausis palsamiäädikas, Hiina must äädikas ja ekstra neitsioliiviõli. Maitsesta soola ja värskelt jahvatatud musta pipraga maitse järgi.
h) Vala kaste basiiliku-tomati segule ja sega ühtlaseks. Kontrollige maitset ja asetage leht toatemperatuurile kõrvale.

PLAATIMISEKS:
i) Serveeri pannil grillitud taimetoitlane paella ja nirista peale basiiliku-tomati salat.

66. Suitsutatud Tofu Paella

KOOSTISOSAD:
- 1 pakk Cauldron Smoked Tofu, lõigatud 32 kolmnurgaks
- 5 supilusikatäit oliiviõli
- 18 untsi segaköögiviljad, lõigatud 1-tollisteks/2cm tükkideks (nt paprika, suhkrumais, brokkoli, seened)
- 5 untsi sibul, hakitud
- 5 untsi porgand, lõigatud 1-tollisteks/2cm batoonideks
- 2 tl küüslauku, purustatud
- ½ mahedat rohelist tšillit, peeneks hakitud
- 1 unts pruun riis
- 1 pint valget veini
- 1 pint Kerge köögiviljapuljong, topeltkange
- 5 untsi Tomatid, kooritud ja tükeldatud
- 3 untsi kivideta mustad oliivid, viilutatud
- 2 loorberilehte
- 2 spl hakitud värsket estragoni (või 1 tl/5 ml kuivatatud)
- 1 spl hakitud värsket salvei
- 2 spl hakitud peterselli
- Sool ja must pipar
- 1 sidrun, lõigatud 8 viiluks

JUHISED:
a) Prae mittenakkuval pannil oliiviõlis keskmisel kuumusel suitsutofut helepruuniks. Eemalda tofu pannilt.
b) Tõsta kuumust ja lisa samale pannile segatud köögiviljad. Küpseta, kuni need on kergelt pruunistunud. Eemaldage köögiviljad pannilt.
c) Asetage sibul ja porgand samale pannile. Küpseta õrnalt, kuni need on pehmenenud. Lisa küüslauk, tšilli ja pruun riis. Küpseta 1 minut.
d) Lisa valge vein, köögiviljapuljong, tükeldatud tomatid, oliivid ja loorberilehed. Hauta kaanega, kuni riis on keedetud (umbes 25 minutit). Vajadusel lisa küpsetusajal veel vedelikku.
E) Eemalda loorberilehed. Lisage tofu, köögiviljad ja värsked ürdid. Maitsesta soola, musta pipra ja sidrunimahlaga. Kaunista sidruniviiludega.

67. Seene- ja köögiviljapaella

KOOSTISOSAD:
- 2 spl oliiviõli
- 2 keskmist porgandit, lõigatud ¼-tollisteks viiludeks
- 1 selleriribi, lõigatud ¼-tollisteks viiludeks
- 1 keskmine kollane sibul, hakitud
- 1 keskmine punane paprika, lõigatud ½-tollisteks kuubikuteks
- 3 küüslauguküünt, hakitud
- 8 untsi rohelisi ube, kärbitud ja 1-tollisteks tükkideks lõigatud
- 1½ tassi keedetud tumepunaseid ube
- 14½ untsi purk kuubikuteks lõigatud tomateid, nõrutatud
- 2½ tassi köögiviljapuljongit, omatehtud
- ½ tl kuivatatud majoraani
- ½ tl purustatud punast pipart
- ½ tl jahvatatud apteegitilli seemet
- ¼ tl safranit või kurkumit
- ¾ tassi pikateralist riisi
- 2 tassi austrite seeni, kergelt loputatud ja kuivaks patsutatud
- 14-untsine artišokisüdamete purk nõrutatud ja neljaks lõigatud

JUHISED:

a) Kuumuta suures potis õli keskmisel kuumusel. Lisa porgand, seller, sibul, paprika ja küüslauk.

b) Katke ja küpseta 10 minutit.

c) Lisa rohelised oad, oad, tomatid, puljong, sool, pune, purustatud punane pipar, apteegitilli seemned, safran ja riis. Kata kaanega ja hauta 30 minutit.

d) Sega hulka seened ja artišokisüdamed. Maitsesta, maitseaineid reguleerides, vajadusel soola juurde.

e) Kata kaanega ja hauta 15 minutit kauem. Serveeri kohe.

68. Maisi ja pipra paella

KOOSTISOSAD:
- 1 spl Taimeõli
- 1 sibul, peeneks hakitud
- 2 küüslauguküünt, hakitud
- 1 tass lühiteralist riisi
- ¼ teelusikatäit kurkumit
- 2 tassi sooja köögiviljapuljongit
- ¼ teelusikatäit soola
- ¼ teelusikatäit jahvatatud musta pipart
- 1 magus punane pipar
- 1 Magus roheline pipar
- 2 ploomtomatit
- 1 ½ tassi värskeid maisiterad
- Värske petersell, kaunistamiseks hakitud

JUHISED:
a) Kuumuta suurel mittenakkuval pannil või paellapannil taimeõli keskmisel kuumusel. Lisa hakitud sibul, hakitud küüslauk, riis ja kurkum. Prae umbes 4 minutit või kuni sibul muutub pehmeks.
b) Sega juurde soe köögiviljapuljong, sool ja jahvatatud must pipar. Lase segul keema tõusta, seejärel alanda kuumust, kata kaanega ja lase 10 minutit podiseda.
c) Riisi haudumise ajal valmista paprikad, lõigates need pikuti pooleks, eemaldades südamiku ja membraanid. Seejärel lõigake need risti pooleks ja viilutage pikuti ribadeks. Puhasta tomatitest südamik ja tükelda need tükkideks. Segage ettevalmistatud paprika ja tomatid pannile, katke kaanega ja küpseta veel 15 minutit või kuni riis on peaaegu pehme.
d) Lisage pannile värsked maisiterad, katke ja jätkake küpsetamist umbes 5 minutit või kuni vedelik on aurustunud.
e) Serveerimiseks kaunista paella värskelt hakitud peterselliga. Naudi seda rooga koos kooriku rulli ja krõmpsuva marineeritud salatiga.

69. Brokkoli, suvikõrvits ja spargel Paella

KOOSTISOSAD:
- 5 tassi köögiviljapuljongit
- ¼ tassi oliiviõli
- 1 tomat, tükeldatud
- 1 väike sibul, tükeldatud
- 2 spl hakitud küüslauku
- Näputäis safranilõngu
- 2 tassi Arborio riisi
- ½ tassi seeni, neljaks lõigatud
- ½ tassi viilutatud sparglit
- ½ tassi tükeldatud suvikõrvitsat
- ½ tassi kuubikuteks lõigatud kollast squashit
- ½ tassi kuubikuteks lõigatud punast paprikat
- ¼ tassi brokkoli õisikuid

JUHISED:
a) Aja köögiviljapuljong keema, seejärel keera kuumus maha.
b) Kuumuta suures kastrulis keskmisel kuumusel oliiviõli. Lisa tükeldatud tomat, sibul ja hakitud küüslauk. Prae, kuni sibul muutub läbipaistvaks, mis peaks võtma umbes 5 minutit.
c) Sega hulka safrani niidid. Lisage Arborio riis ja segage, et see oleks õliga kaetud.
d) Valage riisile kuuma köögiviljapuljongit, kuni see on kaetud. Hauta ja sega pidevalt, kuni puljong on imendunud. Korrake seda protsessi, kuni puljong on otsas või riis on keedetud kergelt al dente tekstuurini, mis võtab tavaliselt umbes 15-20 minutit.
e) Segage seened, spargel, suvikõrvits, kollane squash, punane paprika ja spargelkapsas.
f) Lülitage kuumus välja ja katke pann kaanega, kuni köögiviljad on läbi soojenenud.

70. Artišoki ja aedoa paella

KOOSTISOSAD:
- 1 spl oliivi- või taimeõli
- 1 keskmine sibul, peeneks hakitud (umbes ½ tassi)
- 2 küüslauguküünt, peeneks hakitud
- 1 purk Köögiviljapuljong
- 1 tass kuumtöötlemata tavalist pikateralist riisi
- 1 tass külmutatud rohelisi herneid
- ½ tl jahvatatud kurkumit
- 2 tilka punase pipra kastet
- 1 purk Tumepunased oad, loputatud ja nõrutatud
- 1 purk (6 untsi) Marineeritud artišokisüdamed, nõrutatud

JUHISED:
a) Kuumutage 12-tollises pannil oliivi- või taimeõli keskmisel kõrgel kuumusel. Küpseta hakitud sibulat ja peeneks hakitud küüslauku umbes 3–4 minutit, sageli segades, kuni need muutuvad krõbedaks pehmeks.
b) Sega juurde köögiviljapuljong ja riis. Lase segul keema tõusta, seejärel vähenda kuumust. Kata pann kaanega ja lase 15 minutit podiseda.
c) Segage ülejäänud koostisosad, sealhulgas külmutatud rohelised herned, jahvatatud kurkum, punase pipra kaste, tumepunased oad (loputatud ja nõrutatud) ja nõrutatud marineeritud artišokisüdamed.
d) Küpseta kaaneta veel 5–10 minutit, aeg-ajalt segades, kuni riis ja herned on pehmed.

71. Seene ja artišoki paella

KOOSTISOSAD:
- 2 tassi Calasparra riisi
- 1 sibul, peeneks hakitud
- 3 küüslauguküünt, hakitud
- 1 tass segatud seeni, viilutatud
- 1 tass artišokisüdameid, neljaks lõigatud
- 1 punane paprika, tükeldatud
- 4 tassi köögiviljapuljongit
- 1 tl tüümiani
- Näputäis safranilõngu
- Sool ja pipar maitse järgi
- 1/4 tassi oliiviõli

JUHISED:
a) Kuumuta paellapannil keskmisel kuumusel oliiviõli. Lisa hakitud sibul ja küüslauk; hauta pehmeks.
b) Sega juurde Calasparra riis, määri see õliga ja sega sibula ja küüslauguga.
c) Lisa viilutatud segaseened, neljaks lõigatud artišokisüdamed ja kuubikuteks lõigatud punane paprika.
d) Vala sisse köögiviljapuljong ja safrani niidid. Maitsesta tüümiani, soola ja pipraga.
e) Keeda, kuni riis on peaaegu valmis. Kata pann kaanega ja lase podiseda, kuni riis on täielikult küpsenud.
f) Serveeri kuumalt.

72. Spinati ja kikerherne paella

KOOSTISOSAD:
- 2 tassi Arborio riisi
- 1 sibul, peeneks hakitud
- 3 küüslauguküünt, hakitud
- 2 tassi beebispinatit
- 1 purk kikerherneid, nõruta ja loputa
- 1 punane paprika, viilutatud
- 4 tassi köögiviljapuljongit
- 1 tl suitsupaprikat
- Näputäis safranilõngu
- Sool ja pipar maitse järgi
- 1/4 tassi oliiviõli

JUHISED:
a) Kuumuta paellapannil keskmisel kuumusel oliiviõli. Lisa hakitud sibul ja küüslauk; hauta pehmeks.
b) Segage Arborio riis, määrige see õliga ja segage sibula ja küüslauguga.
c) Lisa beebispinat, kikerherned ja viilutatud punane paprika.
d) Vala sisse köögiviljapuljong ja safrani niidid. Maitsesta suitsupaprika, soola ja pipraga.
e) Keeda, kuni riis on peaaegu valmis. Kata pann kaanega ja lase podiseda, kuni riis on täielikult küpsenud.
f) Serveeri kuumalt.

73. Spargli ja tomati paella

KOOSTISOSAD:
- 2 tassi Bomba riisi
- 1 sibul, peeneks hakitud
- 3 küüslauguküünt, hakitud
- 1 hunnik sparglit, kärbitud ja tükkideks lõigatud
- 1 tass kirsstomateid, poolitatud
- 1 kollane paprika, viilutatud
- 4 tassi köögiviljapuljongit
- 1 tl sidrunikoort
- Näputäis safranilõngu
- Sool ja pipar maitse järgi
- 1/4 tassi oliiviõli

JUHISED:
a) Kuumuta paellapannil keskmisel kuumusel oliiviõli. Lisa hakitud sibul ja küüslauk; hauta pehmeks.
b) Sega juurde Bomba riis, määri see õliga ja sega sibula ja küüslauguga.
c) Lisa sparglitükid, poolitatud kirsstomatid ja viilutatud kollane paprika.
d) Vala sisse köögiviljapuljong ja safrani niidid. Maitsesta sidrunikoore, soola ja pipraga.
e) Keeda, kuni riis on peaaegu valmis. Kata pann kaanega ja lase podiseda, kuni riis on täielikult küpsenud.
f) Serveeri kuumalt.

74. Baklažaan ja oliivipaella

KOOSTISOSAD:
- 2 tassi Calasparra riisi
- 1 sibul, peeneks hakitud
- 3 küüslauguküünt, hakitud
- 1 baklažaan, tükeldatud
- 1 tass rohelisi oliive, viilutatud
- 1 punane paprika, tükeldatud
- 4 tassi köögiviljapuljongit
- 1 tl suitsupaprikat
- Näputäis safranilõngu
- Sool ja pipar maitse järgi
- 1/4 tassi oliiviõli

JUHISED:
a) Kuumuta paellapannil keskmisel kuumusel oliiviõli. Lisa hakitud sibul ja küüslauk; hauta pehmeks.
b) Sega juurde Calasparra riis, määri see õliga ja sega sibula ja küüslauguga.
c) Lisa kuubikuteks lõigatud baklažaan, viilutatud rohelised oliivid ja kuubikuteks lõigatud punane paprika.
d) Vala sisse köögiviljapuljong ja safrani niidid. Maitsesta suitsupaprika, soola ja pipraga.
e) Keeda, kuni riis on peaaegu valmis. Kata pann kaanega ja lase podiseda, kuni riis on täielikult küpsenud.
f) Serveeri kuumalt.

75. Brokkoli ja päikesekuivatatud tomatite paella

KOOSTISOSAD:
- 2 tassi Arborio riisi
- 1 sibul, peeneks hakitud
- 3 küüslauguküünt, hakitud
- 1 brokolipea, õisikud eraldatud
- 1/2 tassi päikesekuivatatud tomateid, viilutatud
- 1 kollane paprika, tükeldatud
- 4 tassi köögiviljapuljongit
- 1 tl kuivatatud pune
- Näputäis safranilõngu
- Sool ja pipar maitse järgi
- 1/4 tassi oliiviõli

JUHISED:
a) Kuumuta paellapannil keskmisel kuumusel oliiviõli. Lisa hakitud sibul ja küüslauk; hauta pehmeks.
b) Segage Arborio riis, määrige see õliga ja segage sibula ja küüslauguga.
c) Lisa brokoliõisikud, viilutatud päikesekuivatatud tomatid ja tükeldatud kollane paprika.
d) Vala sisse köögiviljapuljong ja safrani niidid. Maitsesta kuivatatud pune, soola ja pipraga.
e) Keeda, kuni riis on peaaegu valmis. Kata pann kaanega ja lase podiseda, kuni riis on täielikult küpsenud.
f) Serveeri kuumalt.

76. Porru- ja seenepaella

KOOSTISOSAD:
- 2 tassi Bomba riisi
- 2 porrulauku, viilutatud
- 3 küüslauguküünt, hakitud
- 1 tass segatud seeni, viilutatud
- 1 punane paprika, tükeldatud
- 4 tassi köögiviljapuljongit
- 1 tl tüümiani
- Näputäis safranilõngu
- Sool ja pipar maitse järgi
- 1/4 tassi oliiviõli

JUHISED:
a) Kuumuta paellapannil keskmisel kuumusel oliiviõli. Lisa viilutatud porru ja küüslauk; hauta pehmeks.
b) Sega juurde Bomba riis, määri see õliga ja sega porru ja küüslauguga.
c) Lisa viilutatud seened, tükeldatud punane paprika ja köögiviljapuljong.
d) Maitsesta tüümiani, safranilõngade, soola ja pipraga.
e) Keeda, kuni riis on peaaegu valmis. Kata pann kaanega ja lase podiseda, kuni riis on täielikult küpsenud.
f) Serveeri kuumalt.

77. Butternut Squash ja granaatõuna paella

KOOSTISOSAD:
- 2 tassi Calasparra riisi
- 1 sibul, peeneks hakitud
- 3 küüslauguküünt, hakitud
- 1 suvikõrvits, tükeldatud
- 1 granaatõuna seemned
- 1 oranž paprika, viilutatud
- 4 tassi köögiviljapuljongit
- 1 tl kaneeli
- Näputäis safranilõngu
- Sool ja pipar maitse järgi
- 1/4 tassi oliiviõli

JUHISED:
a) Kuumuta paellapannil keskmisel kuumusel oliiviõli. Lisa hakitud sibul ja küüslauk; hauta pehmeks.
b) Sega juurde Calasparra riis, määri see õliga ja sega sibula ja küüslauguga.
c) Lisa kuubikuteks lõigatud kõrvits, granaatõunaseemned ja viilutatud apelsini paprika.
d) Vala sisse köögiviljapuljong ja safrani niidid. Maitsesta kaneeli, soola ja pipraga.
e) Keeda, kuni riis on peaaegu valmis. Kata pann kaanega ja lase podiseda, kuni riis on täielikult küpsenud.
f) Serveeri kuumalt.

78. Maguskartuli ja musta oa paella

KOOSTISOSAD:

- 2 tassi Bomba riisi
- 1 sibul, peeneks hakitud
- 3 küüslauguküünt, hakitud
- 2 maguskartulit, tükeldatud
- 1 purk musti ube, nõruta ja loputa
- 1 punane paprika, viilutatud
- 4 tassi köögiviljapuljongit
- 1 tl jahvatatud köömneid
- Näputäis safranilõngu
- Sool ja pipar maitse järgi
- 1/4 tassi oliiviõli

JUHISED:

a) Kuumuta paellapannil keskmisel kuumusel oliiviõli. Lisa hakitud sibul ja küüslauk; hauta pehmeks.
b) Sega juurde Bomba riis, määri see õliga ja sega sibula ja küüslauguga.
c) Lisa kuubikuteks lõigatud bataat, mustad oad ja viilutatud punane paprika.
d) Vala sisse köögiviljapuljong ja safrani niidid. Maitsesta jahvatatud köömnete, soola ja pipraga.
e) Keeda, kuni riis on peaaegu valmis. Kata pann kaanega ja lase podiseda, kuni riis on täielikult küpsenud.
f) Serveeri kuumalt.

PIIRKONDLIKUD VARIATSIOONID

79. New Orleansi paella

KOOSTISOSAD:
- 1 terve kana (umbes 3 naela), lõigatud 12 tükiks
- 2 tl soola
- 2 tl värskelt jahvatatud musta pipart
- ½ tassi oliiviõli
- 2 tassi hakitud sibulat
- 1 tass hakitud rohelist paprikat
- 1 tass hakitud sellerit
- 6 spl hakitud küüslauku
- 3 supilusikatäit hakitud šalottsibulat
- 1 ½ tassi hakitud andouille vorsti (umbes 12 untsi)
- 3 tassi kuumtöötlemata pikateralist valget riisi
- 1 ½ tassi kooritud, seemnetest puhastatud, tükeldatud Itaalia tomateid
- 1 spl kuuma pipra kastet
- 9 loorberilehte
- 3 supilusikatäit Emeril's Essence'i (vt märkust allpool)
- ½ tl safrani niidid
- 6 tassi kanapuljongit
- 36 väikest karpi, puhastatud
- 36 rannakarpi, kooritud ja habemeta
- 18 keskmist krevetti (umbes ¾ naela) koorega
- ¼ tassi hakitud peterselli

PARMESANI ÜRMIKRUTONIDE KOHTA:
- 4 viilu vananenud saia (8 x 8 x 1)
- 1 tass valmistatud majoneesi
- 1 tass riivitud parmesani juustu
- Hakitud värsked ürdid
- Sool, maitse järgi
- Värskelt jahvatatud must pipar, maitse järgi

JUHISED:
a) Puista kanatükid ühtlaselt soola ja pipraga üle. Kuumuta oliivõli suures potis kõrgel kuumusel. Lisa kana ja pruunista igast küljest umbes 4 minutit.
b) Lisa sibul, paprika, seller, küüslauk, šalottsibul, vorst ja riis. Prae segades 2 minutit.
c) Segage tomatid, terav piprakaste, loorberilehed, Emeril's Essence ja safran. Hauta 1 minut.
d) Lisa kanapuljong, sega korralikult läbi ja kuumuta keemiseni. Alandage kuumust, katke kaanega ja hautage 5 minutit.
e) Lisa karbid ja küpseta 5 minutit. Seejärel lisage rannakarbid ja krevetid, katke kaanega ja küpseta 3 minutit. Veenduge, et kõik rannakarbid ja rannakarbid on avanenud; visake kõik suletuks jäänud.
f) Parmesani ürdkrutoonide jaoks: Kuumuta ahi 400 kraadini. Lõika leib pikuti pooleks, moodustades 8 suurt kolmnurka. Sega majonees, parmesani juust, ürdid, sool ja pipar. Määri segu krutoonidele ja küpseta ahjus kuldseks, umbes 3–4 minutit.
g) Kaunista paella värske peterselliga ja enne serveerimist aseta peale krutoonid.

80. Lääne-India Paella

KOOSTISOSAD:
- 2½ naela kana, lõigatud 12 tükiks (lõika rinnad 4 tükiks)
- ⅓ tassi Hispaania oliiviõli
- 1 keskmine sibul, viilutatud
- 2 küüslauguküünt, purustatud
- 1 roheline paprika, lõigatud 1-tollisteks tükkideks
- ½ tl soola
- 1 tass kuumtöötlemata pikateralist riisi
- 1 tass hautatud tomateid (või konserveeritud), tükeldatud
- ¼ naela chorizo- või küüslaugumaitselist vorsti
- 1 tosin toorest krevetti, kooritud ja puhastatud (valikuline)
- 1 tass kanapuljongit
- 1 tass Hispaania šerrit
- ¼ teelusikatäit Hispaania safranit (valikuline)
- 1 pakk külmutatud rohelisi herneid või külmutatud artišokisüdameid (10 untsi)
- 1 tosin rannakarpi (valikuline)

JUHISED:
a) Pese ja kuivata kanatükid. Pruunista neid suurel pannil kuumutatud oliiviõlis, kuni need on igast küljest kuldsed. Eemaldage kana tangidega pannilt ja asetage see kõrvale.
b) Lisa pannil olevatele tilkadele viilutatud sibul, purustatud küüslauk, roheline pipar ja sool. Prae, kuni need on kergelt pruunistunud. Lisa safran ja sool, seejärel küpseta, kuni köögiviljad on pehmed.
c) Lisa riis ja sega, et see oleks ühtlaselt õliga kaetud. Pane kana tagasi pannile.
d) Lisa tomatitükid, chorizo, kanapuljong, šerri ja krevetid (kui kasutad). Kuumuta segu keemiseni, seejärel alanda kuumust ja hauta kaane all aeg-ajalt segades umbes 20 minutit või kuni pool vedelikust on imendunud.
e) Lisa külmutatud herned või artišokid ja hauta umbes 15 minutit kauem või kuni kõik koostisosad on pehmed ja suurem osa vedelikust imendunud. Kui kasutate rannakarpe, võite neid väheses vees aurutada, kuni kestad avanevad, ja kasutada neid kaunistusena.

81. Lääne-Aafrika Jollof Rice Paella

KOOSTISOSAD:
- Kana (1 terve kana või vastavalt soovile)
- 6 keskmist sibulat, hakitud
- 6 rohelist paprikat, tükeldatud
- Krevetid (soovitav kogus)
- ¾ tassi hakitud porgandit
- ¾ tassi tükkideks purustatud ube
- ¾ tassi herneid
- 6 tomatit, tükeldatud
- 1 tl soola
- ½ tl värskelt jahvatatud pipart
- 1 tl purustatud tüümiani või 1 tl kuivatatud tüümiani
- 4 tassi riisi (või vastavalt soovile)
- ¼ tassi tomatipastat (või rohkem)
- Õli praadimiseks
- 1 ½ tl Cayenne'i pipart

JUHISED:
a) Nahk, eemalda luud ja tükelda kana 1-tollisteks ruudukujulisteks tükkideks. Pruunista kana õlis raskes potis või suurel malmpannil.
b) Lisa potti hakitud sibul ja paprika. Küpseta keskmisel kuumusel 5–10 minutit.
c) Prae krevetid eraldi pannil väikeses koguses õlis. Eelküpsetage porgandid, oad ja herned (või mis tahes muud teie valitud köögiviljad), kuni need on umbes pooleks valmis, mis peaks võtma umbes 5 minutit. Nõruta eelküpsetatud köögiviljad.
d) Lisa kanapotti eelküpsetatud köögiviljad koos krevettide, tükeldatud tomatite, soola, pipra ja tüümianiga. Alanda kuumust madalaks ja hauta 5 minutit.
e) Kombineerige riis tomatipastaga, tagades, et pasta kataks riisiterad ilma neid uputamata. Riisil peaks olema oranž toon; liiga palju tomatipastat muudab selle punaseks. Sega kaetud riis potti ja hauta edasi. Põlemise vältimiseks lisa vajadusel vett säästlikult.
f) Jätkake keetmist, kuni liha, riis ja köögiviljad on pehmed. Teie Jollof Rice on serveerimiseks valmis.

82. Paella alla Valenciana

KOOSTISOSAD:

- 8 tassi kanapuljongit
- ½ tl safranit
- ½ tassi ekstra neitsioliiviõli
- 1 küülik, lõigatud 8 tükiks
- 8 kana reied
- 1 nael chorizo, lõigatud 8 tükiks
- 1 Hispaania sibul, tükeldatud ½-tollisteks tükkideks
- 1 punane paprika, tükeldatud ½-tollisteks tükkideks
- 1 roheline paprika, tükeldatud ½-tollisteks tükkideks
- 10 küüslauguküünt, õhukeselt viilutatud
- 4 tomatit, tükeldatud ½-tollisteks kuubikuteks, reserveeritud mahla ja seemnetega
- 3 supilusikatäit Hispaania paprikat
- ½ tassi herneid, purustatud
- ½ tassi Romano vahaube, lõigatud 1-tollisteks tükkideks
- 2 pimentot röstitud, lõigatud ½-tollisteks ribadeks
- 3 tassi lühikeseteralist Hispaania või Itaalia Arborio riisi
- 24 rohelist Valencia oliivi

JUHISED:

a) Kuumuta kanapuljong safraniga keemiseni ja hoia soojas.
b) Asetage 18-22-tolline paellapann viinamarjalõikude lahtisele tulele, kuumale grillile või kahele pliidile.
c) Lisa pannile ½ tassi õli ja kuumuta. Maitsestage küülikutükid ja kana, asetage need pannile, pruunistage hästi ja eemaldage.
d) Lisage chorizo, sibul, roheline ja punane paprika, küüslauk, tomatid, paprika, herned, oad ja pipar. Segage keskmisel kuumusel 4–5 minutit.
e) Lisa riis ja sega seda 3–4 minutit.
f) Vala sisse kogu kanapuljong ning aseta pannile küüliku- ja kanatükid ning oliivid. Keeda segamata, kuni riis on valmis ja vedelik on imendunud, mis võtab aega umbes 20 minutit.

83. Mehhiko stiilis paella

KOOSTISOSAD:
- 1 terve kanabroiler, tükeldatud
- 2 küüslauguküünt
- ¼ tassi õli
- 1 kilo toores krevette
- 4 suurt tomatit, viilutatud
- 1 nael herned
- 12 artišoki südant
- 1 ½ tassi pruuni riisi
- 6 kiudu safranit
- 1 tass tükeldatud sibulat
- 1 roheline paprika, tükeldatud
- 1 punane paprika, tükeldatud
- 1 tl paprikat
- 1 tass valget veini
- 2 tassi vett

JUHISED:
a) Pruunista kana ja küüslauk õlis. Kui kanatükid on pruunistunud, tõsta need suurele pajavormile.
b) Lisa pajaroale krevetid, viilutatud tomatid, herned ja artišokisüdamed.
c) Hauta samas õlis, mida kasutati kana pruunistamiseks, pruuni riisi, safranit, kuubikuteks lõigatud sibulat ning kuubikuteks lõigatud rohelist ja punast paprikat umbes 7 minutit.
d) Lisa hautatud riis ja köögiviljad pajaroale. Puista koostisosade peale paprika.
e) Vala juurde valge vein ja vesi.
f) Küpseta pajarooga katmata temperatuuril 350 kraadi Fahrenheiti umbes 1 tund või kuni riis on täielikult keedetud.

84. Rannikuhispaania paella

KOOSTISOSAD:

- 1 pakk Hispaania riisisegu (6,8 untsi)
- 1 purk tomateid (14½ untsi)
- 2 supilusikatäit oliiviõli
- 4 tassi Viiludeks lõigatud kollast sibulat
- 1 roheline paprika, viilutatud
- 6 untsi krevetid, kooritud ja keedetud
- 8 küüslauguküünt, hakitud
- 2 tassi Herned, külmutatud
- 2 spl sidrunimahla
- 1 Tomat, viiludeks lõigatud
- 16 rannakarpi, koorega
- 16 karbid, kesta sees

JUHISED:

a) Valmistage suures kastrulis riisisegu tomatitega vastavalt pakendi juhistele, kuid jätke või kasutamine vahele ja kasutage riisisegu pruunistamiseks 1 spl oliiviõli.

b) Hauta sibulat ja rohelist paprikat eraldi pannil ülejäänud 1 supilusikatäis oliiviõlis, kuni need muutuvad pehmeks.

c) Lisage pannile keedetud krevetid ja hakitud küüslauk. Prae keskmisel kuumusel umbes 3 minutit kauem.

d) Lisa külmutatud herned ja sidrunimahl riisisegusse. Küpseta seni, kuni herned on läbi kuumenenud.

e) Serveerige riisi, millele on lisatud tomativiilud ja soovi korral karbid.

f) Karpide valmistamiseks segage rannakarbid ja karbid ½ tassi veega. Katke ja laske keema tõusta. Küpseta 5 minutit või kuni kestad avanevad.

g) Visake ära kõik karbid, mis ei avane.

85. Vaikse ookeani paella

KOOSTISOSAD:
- 4 kondita nahata kana rinnapoolikut
- 1 tl paprikat
- 1 tl soola
- ¼ tl musta pipart
- ¾ naela mahe Itaalia vorst
- 16 untsi konserveeritud tomateid, nõrutatud ja jämedalt tükeldatud (või 20 päikesekuivatatud tomatit, õlisse pakitud, nõrutatud ja tükeldatud)
- 2 purki kanapuljongit
- ½ tl kurkumit
- ¼ tl safranit
- 2 tassi riisi
- 1 suur sibul, viiludeks lõigatud
- 2 küüslauguküünt, hakitud
- 1 nael keskmisi krevette, kooritud, kooritud ja keedetud
- 1 roheline paprika, lõigatud ribadeks
- 10 rannakarpi, puhastatud ja aurutatud

JUHISED:
a) Lõika kana rinnad ½-tollisteks ribadeks. Sega väikeses kausis paprika, sool ja must pipar. Lisa kana ja sega, kuni kogu maitseaine on liha sisse segatud.
b) Lõika vorst ¼-tollisteks tükkideks ja eemalda ümbris.
c) Kui kasutate päikesekuivatatud tomateid, kuivatage tomatid paberrätikuga täielikult. Lisage kanapuljongile 3–¾ tassi valmistamiseks piisavalt vett. Kuumuta see segu 12-tollisel pannil keemiseni.
d) Segage kurkum, safran, riis, sibul, küüslauk, kana, vorst ja tomatid.
e) Kata pann kaanega ja hauta 20 minutit.
f) Eemaldage pann tulelt ja segage keedetud krevetid ja roheline pipar. Soovi korral tõsta peale rannakarbid.
g) Lase paellal kaetult seista, kuni kogu vedelik on imendunud, umbes 5 minutit.

86. katalaani Paella

KOOSTISOSAD:
- 1 tass pikateralist riisi
- ¼ tassi oliiviõli
- 4 kana tükki
- 1 sibul, viilutatud
- 10 milliliitrit küüslauku, hakitud
- ¼ naela keedetud sinki, lõigatud ribadeks
- ½ naela kõva valge kala, lõigatud suurteks kuubikuteks
- 12 suurt keetmata krevetti
- 1 punane paprika, südamikust puhastatud, seemnetest puhastatud ja tükeldatud
- 2 konserveeritud pimientost, nõrutatud ja tükeldatud
- 12 suurt rannakarpi
- 1 tass keedetud rohelisi herneid
- 1 väike pakend külmutatud herneid, sulatatud
- Näputäis safranit, leotatud 2 spl kuumas vees 30 minutit
- 2 ½ tassi kanapuljongit
- Sool ja pipar, maitse järgi

JUHISED:
Kuumuta oliiviõli paellapannil või suurel pannil. Lisa kana ja prae õrnalt pruuniks. Eemaldage kanatükid ja asetage need kõrvale.

Lisa pannile viilutatud sibul ja hakitud küüslauk ning prae, kuni sibul muutub läbipaistvaks. Seejärel lisa sink ja riis ning jätka segades praadimist, kuni ka riis muutub läbipaistvaks. Eemaldage kuumusest.

Koori ja töötle krevetid. Puhastage rannakarbid jooksva vee all, visates lahti kõik lahtised.

Blanšeerige punast pipart 1 minut keevas vees.

Kui kanatükid on suured, siis poolita need. Asetage kala, punane pipar, kana ja herned pannil riisi peale. Tõsta rannakarbid pannile ja lao peale krevetid.

Lisa safraniga immutatud vedelik kanapuljongile, seejärel vala puljong kõikidele koostisosadele. Maitsesta soola ja pipraga.

Kuumuta segu keemiseni, seejärel alanda kuumust ja hauta tasasel tulel ilma kaaneta umbes 20 minutit või kuni vedelik on imendunud ja kõik koostisosad on küpsed.

87. Portugali stiilis paella

KOOSTISOSAD:
- 2 kana (igaüks 2 naela), igaüks 8 tükiks lõigatud
- ½ tassi oliiviõli
- 1 nael lahja sealiha, lõigatud 1-tollisteks tükkideks
- 2 tassi hakitud sibulat
- 2 küüslauguküünt, purustatud
- ¼ tl musta pipart
- 1 tl pune
- 2 tl soola
- 2 tassi pikateralist riisi
- ½ tl safranit
- 1 nael Itaalia vorsti
- 2 keskmise suurusega tomatit, tükeldatud
- 1 loorberileht
- 3 purki (igaüks 10 ¾ untsi) kondenseeritud kanapuljongit
- 1,5 naela suured krevetid, kooritud ja kooritud
- 1 pakk (10 untsi) külmutatud herneid
- ½ purki (4 untsi) pipart
- 2 sidrunit, lõigatud 8 viiluks

JUHISED:

a) Pühkige kanatükid niiske paberrätikuga. Kuumuta suurel pannil oliiviõli ja pruunista kana umbes 5 tükki korraga, kuni need on kuldsed. Eemaldage pruunistatud kana ja asetage see kõrvale.

b) Lisa pannile sealihakuubikud ja pruunista need igast küljest korralikult läbi. Eemaldage ja asetage need kõrvale.

c) Lisa pannil olevatele tilgutitele hakitud sibul, purustatud küüslauk, must pipar ja pune. Prae umbes 5 minutit, kuni sibulad muutuvad kuldseks.

d) Lisage pannile sool, riis ja safran. Küpseta segades umbes 10 minutit.

e) Samal ajal pruunista teises pannil vorstid igast küljest, selleks peaks kuluma umbes 10 minutit. Nõruta vorstid ja visake rasv ära. Lõika vorstid hammustuse suurusteks tükkideks.

f) Asetage pruunistatud kana, vorst ja sealiha röstimispannile.

g) Kuumuta oma ahi 375 kraadini.

h) Lisa pannil olevale riisisegule tükeldatud tomatid, loorberileht ja kondenseeritud kanapuljong ning lase keema tõusta. Lisa krevetid.

i) Tõsta riisisegu lusikaga ühtlaselt röstimispannil kana, sealiha ja vorstide peale. Küpseta kergelt fooliumiga kaetult 1 tund.

j) Tunni aja pärast puista külmutatud herned segamata paella peale. Kui segu tundub liiga kuiv, võid lisada ½ tassi vett. Küpseta veel 20 minutit.

k) Serveerimiseks keera paella ümmargusele kuumutatud vaagnale või paellapannile. Kaunista pimentide ja sidruniviiludega.

88. Edela-Paella

KOOSTISOSAD:
- 2 kana, lõigatud portsjoniteks tükkideks
- 2 tl soola
- 1 tl paprikat
- 1 tass jahu
- 1 tass õli
- ½ tassi vett
- 1 nael sink, lõigatud suupärasteks tükkideks
- 1 keskmine sibul, hakitud
- 1 tass paprikat, tükeldatud
- 2 keskmist tomatit, lõigatud viiludeks
- 4 spl taimeõli
- 3 tassi riisi, eelistatavalt Itaalia
- 2 purki (16 untsi) nõrutatud herneid (jätke mahl alles)
- Kana puljong
- ½ tl safranit
- 2 tl kuuma pipra kastet
- soola
- 1 nael keedetud krevette, karpe, rannakarpe või kammkarpe
- 2 untsi purki viilutatud pimiento

JUHISED:

a) Päeva alguses raputage kana kotti, mis sisaldab soola, paprika ja jahu segu.
b) Pruunista jahuga ülepuistatud kana hästi kahel pannil, mõlemal ¼ tassi õli. Lisa igale pannile ¼ tassi vett ja küpseta kana 30 minutit.
c) Eemalda kana ja pruunista sink ülejäänud õlis. Pange see kõrvale.
d) Päeva hiljem pruunistage puhtal pannil sibul, paprika ja tomatid 4 supilusikatäis õlis, kuni sibul on kollane.
e) Eemalda sibulasegu ja pruunista riis ülejäänud õlis, vajadusel lisa veel õli.
f) Kui riis on pruunistunud, lisa sibulasegu, hernestest saadud vedelik ja kanapuljong või vesi, et saada 6 tassi. Lisa safran, terav piprakaste ja sool.
g) Keeda riisi seni, kuni see on alaküpsenud.
h) Aseta riis suurde lamedasse anumasse ning lao peale kana ja sink.
i) Katke ja küpseta 325 °F ahjus umbes 30 minutit, jälgides riisi.
j) Avage ja puistage herned, mereannid ja pimiento riisi peale. Kuumuta korralikult läbi ja serveeri.

89. Aragon Mägi Paella

KOOSTISOSAD:
- 2 tassi Bomba riisi
- 1/2 naela lambaliha, lõigatud tükkideks
- 1/2 naela küülik, lõigatud tükkideks
- 1/2 naela sealihavorsti, viilutatud
- 1 sibul, peeneks hakitud
- 1 punane paprika, viilutatud
- 1 tomat, riivitud
- 1/2 tassi rohelisi ube, kärbitud ja poolitatud
- 1 tl suitsupaprikat
- 1/2 tl safrani niidid
- 4 tassi kana- või köögiviljapuljongit
- Sool ja pipar maitse järgi
- 1/4 tassi oliiviõli

JUHISED:
a) Kuumuta paellapannil keskmisel kuumusel oliiviõli. Lisa hakitud sibul ja küpseta, kuni see on pehme.
b) Lisa lambaliha, küüliku ja sealihavorst; igast küljest pruun.
c) Lisa riivitud tomat ja küpseta, kuni moodustub sofrito.
d) Sega juurde Bomba riis, kata see sofritoga.
e) Lisa punane paprika ja rohelised oad.
f) Puista riisile suitsupaprika ja safrani niidid.
g) Vala kana- või köögiviljapuljong ning maitsesta soola ja pipraga.
h) Keeda, kuni riis on peaaegu valmis. Kata pann kaanega ja lase podiseda, kuni riis on täielikult küpsenud.
i) Enne serveerimist lase paellal paar minutit puhata.

90. Baski mereandide paella (Marmitako)

KOOSTISOSAD:
- 2 tassi Bomba riisi
- 1 nael tuunikala, lõigatud tükkideks
- 1 sibul, peeneks hakitud
- 2 küüslauguküünt, hakitud
- 1 punane paprika, viilutatud
- 1 roheline paprika, viilutatud
- 4 tassi kala- või mereandide puljongit
- 1/2 tassi kuiva valget veini
- 1/2 tl Espelette pipart või paprikat
- 1 loorberileht
- Sool ja pipar maitse järgi
- 1/4 tassi oliiviõli

JUHISED:
a) Kuumuta paellapannil keskmisel kuumusel oliiviõli. Lisa hakitud sibul ja küüslauk; hauta pehmeks.
b) Lisa tuunikalatükid ja küpseta igast küljest pruuniks.
c) Segage Bomba riis, katke see õliga ja segage sibula, küüslaugu ja tuunikalaga.
d) Lisa viilutatud punane ja roheline paprika.
e) Vala sisse kala- või mereandide puljong ja valge vein. Maitsesta Espelette pipra või paprika, loorberilehe, soola ja pipraga.
f) Keeda, kuni riis on peaaegu valmis. Kata pann kaanega ja lase podiseda, kuni riis on täielikult küpsenud.
g) Enne serveerimist lase paellal paar minutit puhata.

91. Arroz a Banda – Alicantest

KOOSTISOSAD:
- 2 tassi Bomba riisi
- 1 nael väikest seepiat või kalmaari, puhastatud ja viilutatud
- 1 sibul, peeneks hakitud
- 2 küüslauguküünt, hakitud
- 1/2 tassi hakitud tomateid
- 1/2 tassi kuiva valget veini
- 4 tassi kala- või mereandide puljongit
- 1 tl magusat paprikat
- Näputäis safranilõngu
- Sool ja pipar maitse järgi
- 1/4 tassi oliiviõli

JUHISED:
a) Kuumuta paellapannil keskmisel kuumusel oliiviõli. Lisa hakitud sibul ja küüslauk; hauta pehmeks.
b) Lisa viilutatud seepia või kalmaar ja küpseta, kuni see hakkab värvuma.
c) Segage Bomba riis, katke see õliga ja segage sibula, küüslaugu ja mereandidega.
d) Lisa tükeldatud tomatid ja küpseta, kuni moodustub sofrito.
e) Vala peale valge vein ja lase nõrguda.
f) Lisa kala- või mereannipuljong, paprika, safranilõng, sool ja pipar.
g) Keeda, kuni riis on peaaegu valmis. Kata pann kaanega ja lase podiseda, kuni riis on täielikult küpsenud.
h) Enne serveerimist lase paellal paar minutit puhata.

92. Sefardi mereandide paella (Arroz de Pesaj)

KOOSTISOSAD:
- 2 tassi Bomba riisi
- 1/2 naela hiidlest või tursk, lõigatud tükkideks
- 1/2 naela krevetid, kooritud ja tükeldatud
- 1/2 naela kalamari, puhastatud ja viilutatud
- 1 sibul, peeneks hakitud
- 2 tomatit, riivitud
- 4 tassi kala- või mereandide puljongit
- 1/2 tassi kuiva valget veini
- 1/2 tl jahvatatud köömneid
- Näputäis safranilõngu
- Sool ja pipar maitse järgi
- 1/4 tassi oliiviõli

JUHISED:
a) Kuumuta paellapannil keskmisel kuumusel oliiviõli. Lisa hakitud sibul ja küpseta, kuni see on pehme.
b) Lisa tükid hiidlest või tursk, krevetid ja viilutatud kalamari; küpseta, kuni mereannid hakkavad värvuma.
c) Segage Bomba riis, määrige see õliga ja segage sibulate ja mereandidega.
d) Lisa riivitud tomatid ja küpseta, kuni moodustub sofrito.
e) Vala peale valge vein ja lase nõrguda.
f) Lisa kala- või mereannipuljong, jahvatatud köömned, safranilõng, sool ja pipar.
g) Keeda, kuni riis on peaaegu valmis. Kata pann kaanega ja lase podiseda, kuni riis on täielikult küpsenud.
h) Enne serveerimist lase paellal paar minutit puhata.

PUHJALINE PAELLA

93. Mango ja india pähkli paella

KOOSTISOSAD:
- 2 tassi Bomba riisi
- 1 sibul, peeneks hakitud
- 3 küüslauguküünt, hakitud
- 1 küps mango, tükeldatud
- 1 tass india pähkleid
- 1 punane paprika, viilutatud
- 4 tassi köögiviljapuljongit
- 1 tl karripulbrit
- Näputäis safranilõngu
- Sool ja pipar maitse järgi
- 1/4 tassi oliiviõli

JUHISED:
a) Kuumuta paellapannil keskmisel kuumusel oliiviõli. Lisa hakitud sibul ja küüslauk; hauta pehmeks.
b) Sega juurde Bomba riis, määri see õliga ja sega sibula ja küüslauguga.
c) Lisa kuubikuteks lõigatud mango, india pähklid ja viilutatud punane paprika.
d) Vala sisse köögiviljapuljong ja safrani niidid. Maitsesta karripulbri, soola ja pipraga.
e) Keeda, kuni riis on peaaegu valmis. Kata pann kaanega ja lase podiseda, kuni riis on täielikult küpsenud.
f) Serveeri kuumalt.

94. Ananassi ja kookose paella

KOOSTISOSAD:
- 2 tassi Calasparra riisi
- 1 sibul, peeneks hakitud
- 3 küüslauguküünt, hakitud
- 1 tassi ananassi tükke
- 1 tass kookospiima
- 1 punane paprika, tükeldatud
- 4 tassi köögiviljapuljongit
- 1 tl kurkumit
- Näputäis safranilõngu
- Sool ja pipar maitse järgi
- 1/4 tassi oliiviõli

JUHISED:
a) Kuumuta paellapannil keskmisel kuumusel oliiviõli. Lisa hakitud sibul ja küüslauk; hauta pehmeks.
b) Sega juurde Calasparra riis, määri see õliga ja sega sibula ja küüslauguga.
c) Lisa ananassitükid, kookospiim ja kuubikuteks lõigatud punane paprika.
d) Vala sisse köögiviljapuljong ja safrani niidid. Maitsesta kurkumi, soola ja pipraga.
e) Keeda, kuni riis on peaaegu valmis. Kata pann kaanega ja lase podiseda, kuni riis on täielikult küpsenud.
f) Serveeri kuumalt.

95. Apelsini ja mandli paella

KOOSTISOSAD:
- 2 tassi Arborio riisi
- 1 sibul, peeneks hakitud
- 3 küüslauguküünt, hakitud
- 2 apelsini koor ja mahl
- 1 tass viilutatud mandleid
- 1 oranž paprika, viilutatud
- 4 tassi köögiviljapuljongit
- 1 tl jahvatatud koriandrit
- Näputäis safranilõngu
- Sool ja pipar maitse järgi
- 1/4 tassi oliiviõli

JUHISED:
a) Kuumuta paellapannil keskmisel kuumusel oliiviõli. Lisa hakitud sibul ja küüslauk; hauta pehmeks.
b) Segage Arborio riis, määrige see õliga ja segage sibula ja küüslauguga.
c) Lisa apelsinikoor, apelsinimahl, viilutatud mandlid ja viilutatud apelsini paprika.
d) Vala sisse köögiviljapuljong ja safrani niidid. Maitsesta jahvatatud koriandri, soola ja pipraga.
e) Keeda, kuni riis on peaaegu valmis. Kata pann kaanega ja lase podiseda, kuni riis on täielikult küpsenud.
f) Serveeri kuumalt.

96. Õun ja rosina Paella

KOOSTISOSAD:
- 2 tassi Bomba riisi
- 1 sibul, peeneks hakitud
- 3 küüslauguküünt, hakitud
- 2 õuna, tükeldatud
- 1/2 tassi rosinaid
- 1 kollane paprika, tükeldatud
- 4 tassi köögiviljapuljongit
- 1 tl kaneeli
- Näputäis safranilõngu
- Sool ja pipar maitse järgi
- 1/4 tassi oliiviõli

JUHISED:
a) Kuumuta paellapannil keskmisel kuumusel oliiviõli. Lisa hakitud sibul ja küüslauk; hauta pehmeks.
b) Sega juurde Bomba riis, määri see õliga ja sega sibula ja küüslauguga.
c) Lisa kuubikuteks lõigatud õunad, rosinad ja kuubikuteks lõigatud kollane paprika.
d) Vala sisse köögiviljapuljong ja safrani niidid. Maitsesta kaneeli, soola ja pipraga.
e) Keeda, kuni riis on peaaegu valmis. Kata pann kaanega ja lase podiseda, kuni riis on täielikult küpsenud.
f) Serveeri kuumalt.

97. Viigimarja ja pähkel Paella

KOOSTISOSAD:
- 2 tassi Calasparra riisi
- 1 sibul, peeneks hakitud
- 3 küüslauguküünt, hakitud
- 1 tass värskeid viigimarju, neljaks lõigatud
- 1/2 tassi kreeka pähkleid, hakitud
- 1 punane paprika, viilutatud
- 4 tassi köögiviljapuljongit
- 1 tl kuivatatud tüümiani
- Näputäis safranilõngu
- Sool ja pipar maitse järgi
- 1/4 tassi oliiviõli

JUHISED:
a) Kuumuta paellapannil keskmisel kuumusel oliiviõli. Lisa hakitud sibul ja küüslauk; hauta pehmeks.
b) Sega juurde Calasparra riis, määri see õliga ja sega sibula ja küüslauguga.
c) Lisa neljaks lõigatud värsked viigimarjad, hakitud kreeka pähklid ja viilutatud punane paprika.
d) Vala sisse köögiviljapuljong ja safrani niidid. Maitsesta kuivatatud tüümiani, soola ja pipraga.
e) Keeda, kuni riis on peaaegu valmis. Kata pann kaanega ja lase podiseda, kuni riis on täielikult küpsenud.
f) Serveeri kuumalt.

98. Pirn ja Gorgonzola Paella

KOOSTISOSAD:
- 2 tassi Arborio riisi
- 1 sibul, peeneks hakitud
- 3 küüslauguküünt, hakitud
- 2 küpset pirni, tükeldatud
- 1/2 tassi Gorgonzola juustu, purustatud
- 1 kollane paprika, tükeldatud
- 4 tassi köögiviljapuljongit
- 1 tl rosmariini
- Näputäis safranilõngu
- Sool ja pipar maitse järgi
- 1/4 tassi oliiviõli

JUHISED:
a) Kuumuta paellapannil keskmisel kuumusel oliiviõli. Lisa hakitud sibul ja küüslauk; hauta pehmeks.
b) Segage Arborio riis, määrige see õliga ja segage sibula ja küüslauguga.
c) Lisa kuubikuteks lõigatud küpsed pirnid, murendatud Gorgonzola juust ja tükeldatud kollane paprika.
d) Vala sisse köögiviljapuljong ja safrani niidid. Maitsesta rosmariini, soola ja pipraga.
e) Keeda, kuni riis on peaaegu valmis. Kata pann kaanega ja lase podiseda, kuni riis on täielikult küpsenud.
f) Serveeri kuumalt.

99. Vaarikas ja Brie Paella

KOOSTISOSAD:
- 2 tassi Bomba riisi
- 1 sibul, peeneks hakitud
- 3 küüslauguküünt, hakitud
- 1 tass värskeid vaarikaid
- 1/2 tassi Brie juustu, tükeldatud
- 1 oranž paprika, viilutatud
- 4 tassi köögiviljapuljongit
- 1 tl palsamiäädikat
- Näputäis safranilõngu
- Sool ja pipar maitse järgi
- 1/4 tassi oliiviõli

JUHISED:
a) Kuumuta paellapannil keskmisel kuumusel oliiviõli. Lisa hakitud sibul ja küüslauk; hauta pehmeks.
b) Sega juurde Bomba riis, määri see õliga ja sega sibula ja küüslauguga.
c) Lisage värsked vaarikad, tükeldatud Brie juust ja viilutatud apelsini paprika.
d) Vala sisse köögiviljapuljong ja safrani niidid. Maitsesta balsamico äädika, soola ja pipraga.
e) Keeda, kuni riis on peaaegu valmis. Kata pann kaanega ja lase podiseda, kuni riis on täielikult küpsenud.
f) Serveeri kuumalt.

100. Kiivi ja makadaamiapähkli paella

KOOSTISOSAD:
- 2 tassi Calasparra riisi
- 1 sibul, peeneks hakitud
- 3 küüslauguküünt, hakitud
- 2 kiivi, kooritud ja tükeldatud
- 1/2 tassi makadaamiapähkleid, hakitud
- 1 roheline paprika, tükeldatud
- 4 tassi köögiviljapuljongit
- 1 tl laimi koort
- Näputäis safranilõngu
- Sool ja pipar maitse järgi
- 1/4 tassi oliiviõli

JUHISED:
a) Kuumuta paellapannil keskmisel kuumusel oliiviõli. Lisa hakitud sibul ja küüslauk; hauta pehmeks.
b) Sega juurde Calasparra riis, määri see õliga ja sega sibula ja küüslauguga.
c) Lisa kuubikuteks lõigatud kiivid, hakitud makadaamiapähklid ja tükeldatud roheline paprika.
d) Vala sisse köögiviljapuljong ja safrani niidid. Maitsesta laimikoore, soola ja pipraga.
e) Keeda, kuni riis on peaaegu valmis. Kata pann kaanega ja lase podiseda, kuni riis on täielikult küpsenud.
f) Serveeri kuumalt.

KOKKUVÕTE

Kui jõuame raamatu "Riis, vürtsid ja kõik maitsev - paella piibel" viimastele lehekülgedele, loodame, et olete nautinud seiklust Hispaania kulinaarse tipptaseme südames. Olenemata sellest, kas olete loonud klassikalisi paellasid või katsetanud uuenduslikke variatsioone, usume, et teie maitsemeeled on tundnud Hispaania olemust.

Pidage meeles, et paella on midagi enamat kui lihtsalt roog; see on kultuuri tähistamine, jagamise rõõmude tunnistus ja teie kulinaarse loovuse lõuend. Kui jätkate oma kulinaarseid avastusi, võivad Hispaania maitsed teie köögis püsida ja paella vaim rikastada teie toiduvalmistamist.

Aitäh, et liitusite meiega sellel gastronoomilisel teekonnal. Olgu teie paellad alati täidetud riisi, vürtside ja kõige meeldivaga. Nautige!

www.ingramcontent.com/pod-product-compliance
Lightning Source LLC
Chambersburg PA
CBHW071332110526
44591CB00010B/1111